I0446521

ISBN: 9798864532492

Aprende
Fotografía

Analógica, historia, cámara, uso, revelado, ejercicios

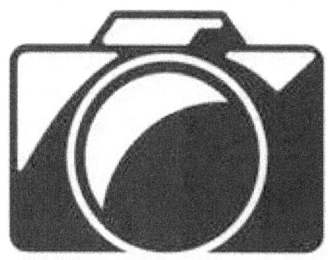

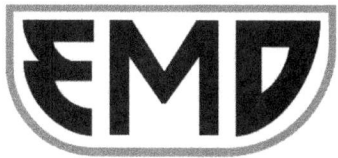

Edición EMD

Primera edición

Comunidad Europea

2022

Índice

Introducción

Las buenas fotografías están en todas partes, el secreto consiste en tener un buen dominio de la técnica como para poder concentrarse en la toma. El objetivo de este curso es que usted aprenda fotografía, fotografiando.

Mientras practica las diversas técnicas manuales irá también aprendiendo los conceptos visuales más importantes. Se trata en definitiva que tenga en claro en cada momento por qué está fotografiando. Sin objetivo claro es fácil que los resultados sean pobres, aunque técnicamente impecables.

Por ello el objetivo es auxiliar a aquellos que ven en principio a la fotografía como una afición intrascendente (que quizás más tarde la consideren una pasión incontenible) y también una ayuda eficaz para aquellos otros que consideran a la fotografía como un medio de comunicación propio de nuestro tiempo, con aplicaciones tan vastas como el arte, la información la educación, la ciencia, la publicidad o el simple goce de fotografiar. A todos ellos, va dedicado este libro.

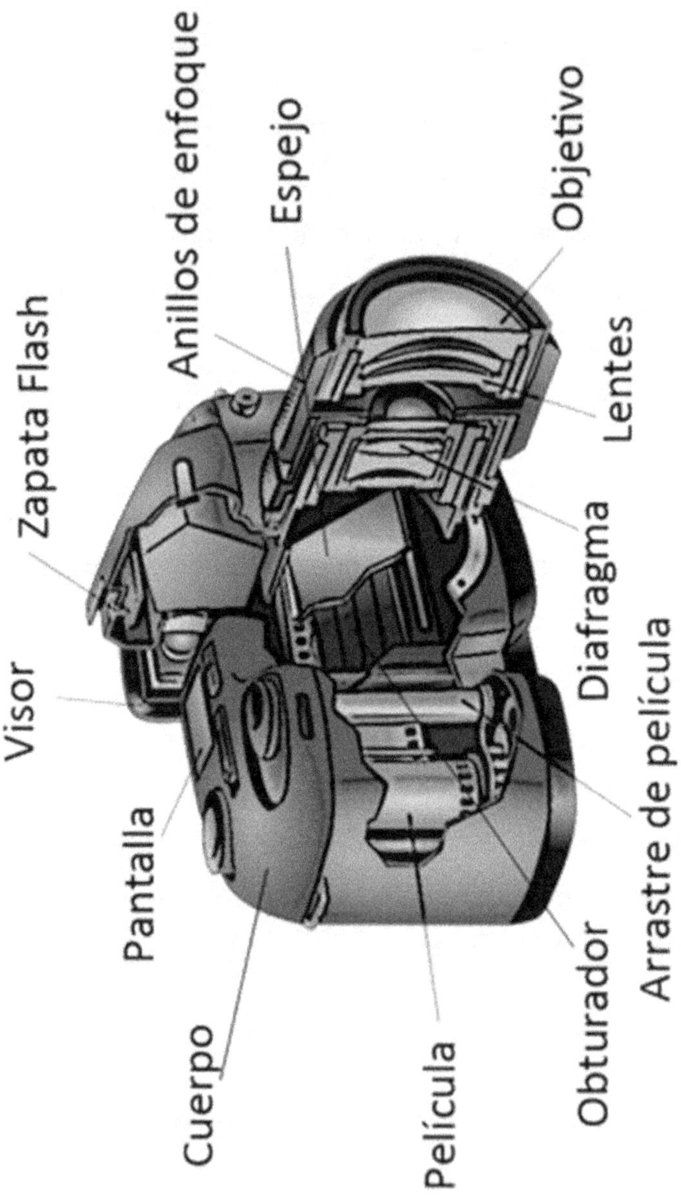

Anillos de enfoque

Espejo

Objetivo

Zapata Flash

Lentes

Visor

Diafragma

Pantalla

Arrastre de película

Cuerpo

Película

Obturador

Historia

El término, "Fotografía" como lo conocemos ahora, lo utilizó por primera vez en 1839 Sir John Herschel. En ese mismo año se hizo público el proceso fotográfico. La palabra se deriva de los vocablos griegos foto (luz) y grafos (escritura). Por lo cual se dice que la fotografía es el arte de escribir o pintar con luz. Varias décadas antes, un hombre de nombre De la Roche (1729-1774) hizo una predicción asombrosa en un trabajo literario de nombre Giphantie, en donde era posible capturar imágenes de la naturaleza en una lona cubierta por una sustancia pegajosa, proporcionando una imagen idéntica a la real. Dicha imagen, podría ser permanente después de haber sido secada en la oscuridad. De la Roche no se imaginaba siquiera, que la narración de su cuento imaginario llegaría a ser verdad varios años después. El artista francés Louis Jacques Mandé Daguerre (1789-1851) había estado trabajado durante años en un sistema para lograr que la luz incidiera sobre una suspensión de sales de plata, de manera que la oscureciera selectivamente y produjera un duplicado de alguna escena. Pero el mérito de realizar la primer fotografía de la historia se le reconoce a Joseph-Nicéphore Niépce. El objetivo de Niépce era utilizar la luz para crear placas que se pudieran entintar e imprimir para realizar reproducciones exactas de escenas originales. Uno de los experimentos de Niépce hecho en 1826 es una vista desde la ventana de su estudio, el cual llevó ocho horas de exposición y es considerada como la primer fotografía de la historia, y se conserva en el Gernsheim Collection of the Humanities Research Center de la Universidad de Texas en Austin.

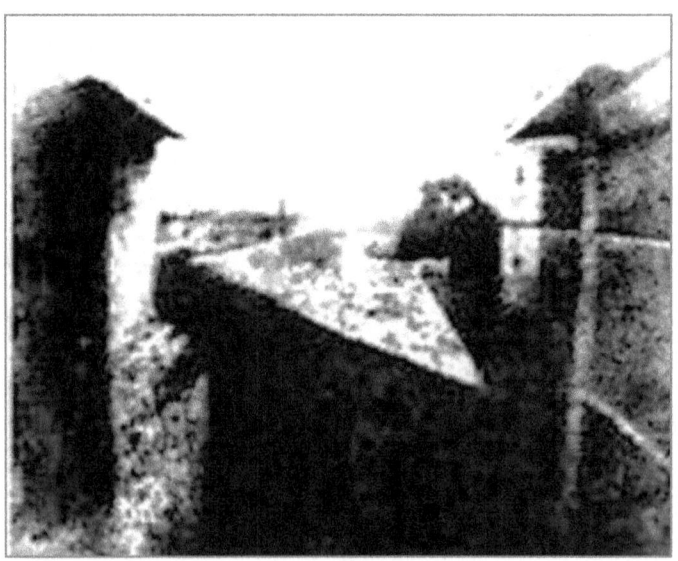

Ambos hombres, Daguerre y Niépce, acordaron asociarse el 4 de enero de 1829, pero Niépce murió cuatro años después sin que el éxito práctico fuese alcanzado. Pero Daguerre quien había aprendido cosas importantes con la sociedad, continuó experimentando hasta descubrir la manera de desarrollar las placas fotográficas, un proceso que redujo considerablemente el tiempo necesario para la exposición. También descubrió la forma de hacer permanente una imagen al sumergirla en sal. El gobierno francés le compró los derechos de este invento en julio de 1839 y los detalles del proceso fueron hechos públicos el 19 de agosto de ese mismo año. Daguerre llamó a su invento Daguerrotipia. En los periódicos de la época empezaron a aparecer los titulares a ocho columnas: "Daguerrotipia, no se requiere ningún conocimiento para pintar, cualquier persona puede tener éxito y realizar el trabajo tan bien como el autor de la invención". Sin embargo, no todo mundo dio la bienvenida a esta invención, los artistas vieron a la Daguerrotipia como una amenaza a sus trabajos, incluso algunos mencionaron que la pintura dejaría de existir. Otros consideraron a la Daguerrotipia una invención del diablo, alegando que solo Dios puede crear una imagen perfecta del hombre. La Daguerrotipia tenía un inconveniente, no se podían realizar copias, inconveniente que fue superado en 1841 por el inglés William Fox Talbot (1800-1877) mediante un proceso llamado Calotipia con el que se obtenían negativos, pudiendo pasar dichos negativos a positivos sobre papel. Desde entonces, innumerables dispositivos ópticos y mecánicos han sido inventados, tales como la cámara oscura, que se ha desarrollado hasta llegar a ser absolutamente sofisticada, empleando lentes y espejos extremadamente finos, para lograr imágenes de insuperable calidad. Los materiales sensibles han evolucionado alcanzando sensibilidades asombrosas y granos considerablemente finos, pudiendo realizar fotografías en solo un diezmilésimo de segundo, comparado con ocho horas de exposición de la primer fotografía.

De los equipos fotográficos, cámaras, lentes, filtros y demás accesorios hablaremos en sucesivos trabajos en esta sección. Hablaremos también de las técnicas para realizar mejores fotografías, desde los primeros pasos hasta técnicas sofisticadas de efectos especiales.

La Cámara profesional

Para tomarse la fotografía en serio es necesario una cámara que permita un control completo sobre la abertura, el enfoque, la velocidad de obturación y de ser posible que admita diferentes accesorios. Casi todos los aficionados y profesionales adoptan el formato de 35 mm, cuya oferta de cámaras y accesorios es inigualable.

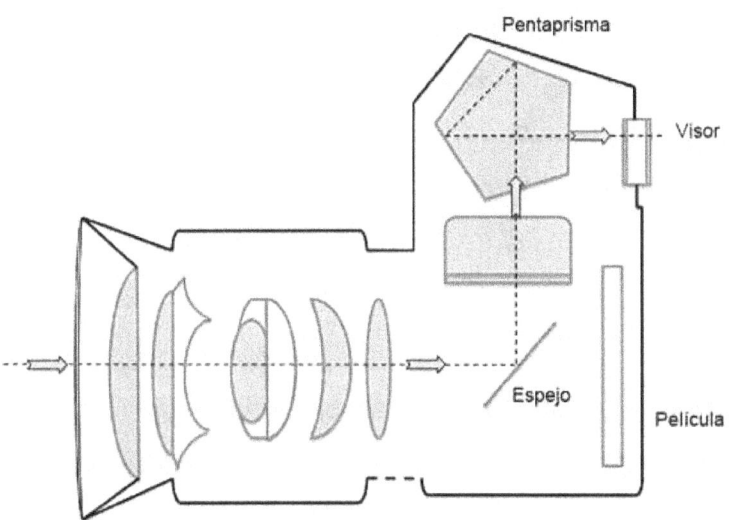

La cámara que más se vende con mucha diferencia es la réflex de un solo objetivo (SLR), en la que la luz procedente del objetivo se refleja en un espejo y un prisma para llegar a un visor situado a nivel del ojo, a través del que se contempla exactamente la misma escena que recogerá la película. Cuando se mira antes de disparar la luz atraviesa el objetivo, siendo interceptada en su camino hacia la película por un espejo que la desvía hacia una pantalla de enfoque situada en la parte inferior del pentaprisma, pantalla que mide 24 x 36 mm, exactamente lo mismo que la imagen de la película. La distancia del objetivo a la pantalla vía espejo es idéntica a la que separa aquél de la película. Mirando por el visor la imagen de la pantalla se ve a través de un pentaprisma, un bloque de vidrio tallado de forma que presente la imagen boca arriba y sin inversión lateral. También se ve en la pantalla el efecto de enfoque. Normalmente las SLR llevan un exposímetro conectado con los mandos de abertura y velocidad, siendo visibles en el visor las oscilaciones que determinan en la aguja indicadora la intervención en dichos controles. Hasta que se dispara la película está protegida por las cortinillas del obturador (metálicas o de tela), situadas delante de ellas. En el momento en que se presiona el disparador, ocurre una compleja secuencia de movimientos: El espejo se levanta, dejando libre el paso de la luz hacia la película y bloqueando la entrada de esta a través del ocular; la imagen desaparece del visor. Al mismo tiempo (si la cámara es de enfoque a plena abertura) el diafragma se cierra al valor preseleccionado. En ese momento empieza la exposición. Las cortinillas del obturador se mueven dejando la rendija que recorre la película y a través de la que pasa la luz a la misma. Una vez hecha la exposición y cubierta nuevamente la película por el obturador, el espejo recupera su posición, la imagen reaparece en el visor y la cámara queda dispuesta para pasar a la siguiente fotografía.

La película en color

Las películas se venden en diferentes formatos y vienen envasadas en una de estas cuatro formas: cartuchos, chasis, rollos y hojas, en función del tipo de cámara. Además del formato que da la anchura de la película, hay que definir el tipo de acuerdo con la sensibilidad de la película. Las hay rápidas (son muy sensibles y capaces de registrar la imagen con poca luz) y lentas que necesitan un tiempo más largo de exposición. Hay dos sistemas de medida de sensibilidad: ASA y DIN el ASA es aritmético es decir que una película de 200 ASA tiene el doble de sensibilidad que una de 100 ASA y requiere por lo tanto la mitad de exposición. El sistema DIN es logarítmico no se duplica el número, sino que se le suma 3. Así 24 DIN (200 ASA) es el doble de 21 y la mitad de 27.

Hay dos tipos fundamentales de películas en color: la película negativa y las diapositivas. Casi todas las películas negativas sirven bajo cualquier clase de iluminación, porque el equilibrio fundamental puede controlarse durante el positivado.

La película en blanco y negro

Como los materiales en blanco y negro son más fáciles de manejar durante el procesado muchos aficionados los prefieren al color. Al transformar todos los colores en blanco, negro y grises permite una mayor sutileza en la interpretación del tono y el contraste, de las que el color distrae. El empleo del blanco y negro ayuda a desarrollar la percepción y la técnica.

El grano: La diferencia entre una película y otra es en realidad el resultado de una diferencia en el tamaño de los granos fotosensibles que recubren su superficie. Estos granos están en la base de cualquier material fotográfico (película o papel) y son los que forman la imagen. Estos granos llamados haluros se convierten en plata metálica de color negro por la acción del revelador y son los componentes de la imagen visible del positivo o del negativo. Los granos de haluro más grandes son más sensibles que los pequeños por lo que la proporción de unos u otros definen la sensibilidad de la película. Como el tamaño del grano está ligado a la sensibilidad, también lo está con la calidad: las películas de grano más grande no podrán registrar tanto detalle como las más lentas de grano más pequeño. Además, las películas más lentas dan un mayor contraste que las rápidas.

La película normal en blanco y negro es pancromática lo que significa que es sensible a todos los colores, aunque no responde a todos exactamente de la misma forma, cosa que se soluciona mediante el empleo de filtros adecuados.

La velocidad de obturación

En los primeros tiempos las películas exigían tiempos de exposición muy largos lo que limitaba su uso a sujetos estáticos. Hoy con las modernas películas se pueden emplear velocidades de obturación de hasta 1/1000 ó 1/2000 s. De todas formas, se debe tener cuidado para no mover la cámara la velocidad más baja que se puede emplear con la cámara en mano es 1/60 s. Al fotografiar hay que apoyar la cámara fuerte en la mejilla, adoptar una posición firme y contener brevemente la respiración al disparar. El mando de velocidades abarca tiempos desde 1/1000 s hasta 4 s. En la posición B, el obturador permanecerá abierto mientras esté pulsado el disparador. La posición X es la de sincronización con el flash electrónico que destella cuando el obturador está totalmente abierto.

Tipos de obturador:

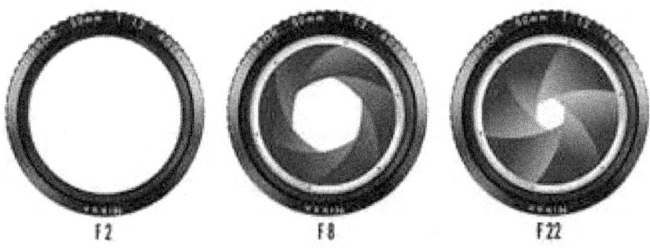

Hay dos tipos básicos: El obturador central, que se encuentra montado en el interior del objetivo y consiste en una serie de laminillas metálicas que interrumpen el paso de la luz cuando está cerrado. Al presionar el disparador giran, dejando una abertura entre ellas.

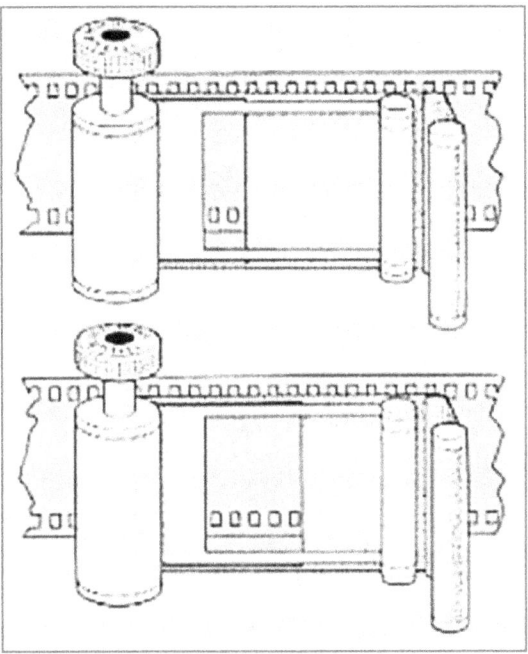

El obturador de plano focal está montado en el cuerpo. Consiste en un par de cortinillas que se desplazan frente a la película. La primera tiene una abertura rectangular algo mayor que el negativo y es la que sale antes. La segunda sale un poco después y forma con la primera una rendija que corre ante la película y que es más estrecha cuanto menor sea el tiempo de exposición. Una forma de aumentar el dominio de la cámara es probar el efecto de diferentes velocidades de obturación sobre diferentes sujetos. Esto ayuda a prever que velocidad hace falta para detener a una persona o a un objeto móvil, como emborronar para expresar movimiento y cuando usar una u otra técnica. Cuando se trabaje con un objetivo de larga distancia focal (teleobjetivo) su poder de aumento exagerará las vibraciones de la cámara, por lo que conviene utilizar una velocidad superior a la normal.

La longitud focal

Todos los fotógrafos se han encontrado alguna vez ante un tema que no pueden tomar bien, sea porque no pueden acercarse lo suficiente como para presentar cierto detalle o alejarse lo suficiente para reproducirlo completo. Las posibilidades de hacer la fotografía que se pretende son muy superiores cuando se dispone de una serie de objetivos de diferentes longitudes focales. La distancia entre el objetivo y una imagen nítidamente enfocada depende de la distancia entre el sujeto y la cámara: las imágenes de los sujetos próximos se forman más atrás del objetivo que la de los más alejados. La longitud focal de un objetivo simple, como una lupa, no es sino la distancia desde dicho objetivo a la imagen más nítida que forma de un objeto muy alejado. El objetivo de una cámara suele ser compuesto (formado por varios elementos) y tiene por tanto un grosor apreciable. Para la mayor parte de este tipo de objetivos, la distancia focal es la que separa la película de un punto situado en el interior de aquél cuando está enfocado al infinito, es decir cuando está a la menor distancia posible de la película.

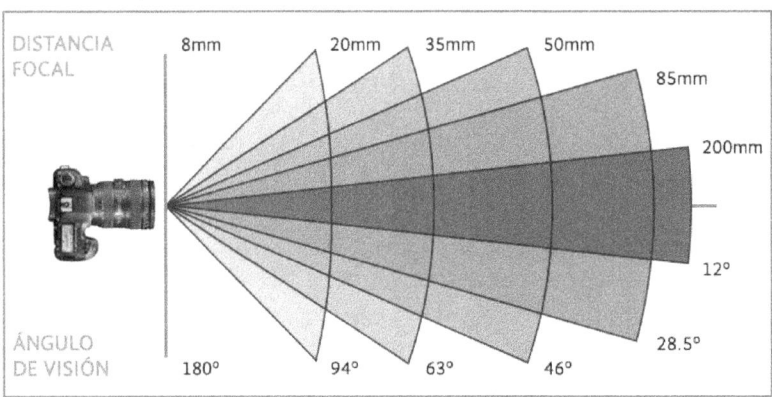

Un objetivo normal para una cámara de 35 mm tiene Una longitud focal en torno a los 50 mm. Un objetivo de distancia focal larga podría tener alrededor de 100 mm. Cuando se emplea un objetivo de distancia focal larga no solamente aumenta la distancia de éste a la película sino también el tamaño de la imagen. El tamaño de la imagen es proporcional a la longitud focal. Es decir, una imagen formada por un objetivo de 100 mm es el doble que la de uno de 50mm. Entonces un objetivo de distancia focal larga ejerce un efecto de acercamiento. Como la imagen formada por el objetivo de 100 mm es más grande entrará una parte menor de la misma en la película. Por el contrario, un objetivo de 28 mm de longitud focal formará a partir del mismo objeto una imagen de aproximadamente la mitad de tamaño que uno de 50 mm. En el negativo aparecerá una proporción mayor del entorno que rodea al sujeto. Un objetivo zoom no es más que un objetivo cuya longitud focal varía según se desplace hacia atrás o adelante el anillo del objetivo.

La abertura y la profundidad de campo

Salvo en las cámaras automáticas la abertura del diafragma (el tamaño del orificio por el que pasa la luz) se regula mediante un anillo montado en el objetivo. Junto con la velocidad de obturación regula la cantidad de luz que recibe la película. Las aberturas se indican en una escala f grabada en el disco de control y que representan fracciones de la longitud focal del objetivo. Una abertura f8 denota una abertura real ocho veces inferior a la normal. La escala sigue una secuencia normalizada que va desde f2 (o más) a f22 (o menos) pasando por 2, 8, 4, 5, 6, 8, 11 y 16. En cada posición entra la mitad de luz que en la anterior. La importancia de esta escala radica en que el cambio de un diafragma queda compensado por el de un paso de velocidad, manteniéndose constante la exposición.

Si una exposición de 1/125 a f8 es correcta, también lo será a 1/60 a f11 ya que supone exponer una imagen de la mitad de luminosidad durante el doble de tiempo.

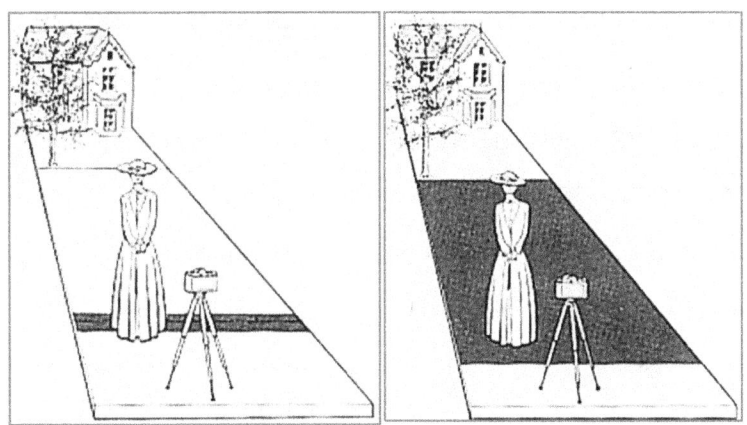

Cuando la abertura aumenta la profundidad de campo disminuye. Una abertura grande f2,8 y una distancia de enfoque corta dan una profundidad de campo pequeña. Por el contrario, la reducción de la abertura a f16 aumenta la profundidad de campo. Aprender a controlar la profundidad de campo mediante la abertura es muy importante en la técnica fotográfica ya que nos permite aislar al objeto de su entorno o no.

La exposición

La elección de una combinación correcta de abertura y velocidad de obturación es decisiva, porque determina la cantidad de luz que llega a la película. El término exposición se expresa entonces como una combinación de los dos factores: f8 a 1/125 s por ejemplo. Una cámara con exposímetro incorporado puede indicar la exposición correcta si el sujeto se encuentra uniformemente iluminado, pero no siempre eso ocurre así, siendo necesario utilizar la experiencia propia a la hora de corregir la exposición. La medida de la luz reflejada es la forma más frecuente y cómoda de determinar la exposición correcta. En este caso el exposímetro se dirige hacia el sujeto para medir la luz que refleja cuidando de aislar el entorno aproximándose lo suficiente al sujeto. La medida de la luz incidente es en principio el procedimiento más preciso para determinar la exposición. El instrumento se sitúa junto al sujeto con difusor para captar la luz proveniente de todas las direcciones y apuntando a la cámara. Para fotografiar sujetos con alto contraste lo fundamental es decidir el área más importante y exponer para ella.

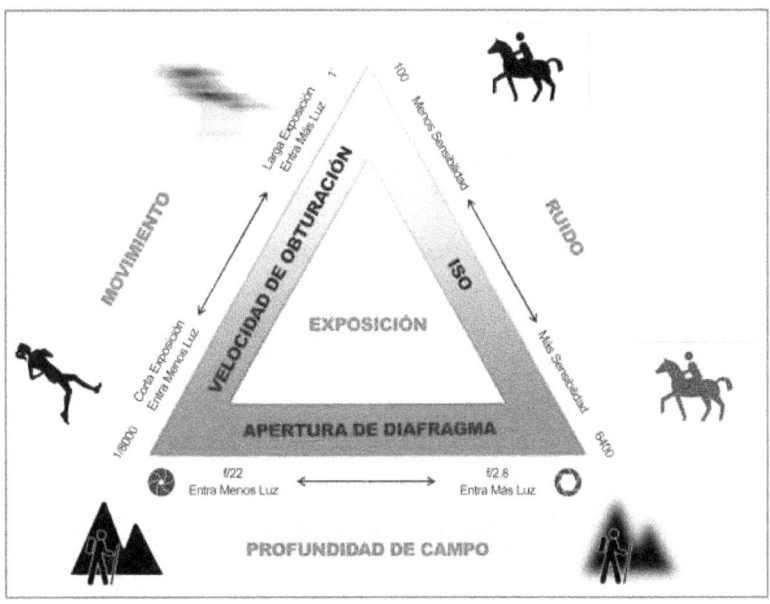

Triángulo de la exposición

Para exposiciones en contraluces donde el sujeto está iluminado por detrás es conveniente utilizar la luz reflejada para rellenar las partes donde no llega la luz que queda frente a la cámara y hacer una secuencia de tomas utilizando diferentes números de exposición. Igualmente puede ser utilizada la subexposicion y la sobreexposición con fines creativos y artísticos.

La iluminación artificial

Cuando se dispone de poca o ninguna luz el flash electrónico es un valioso elemento del equipo. Existen fundamentalmente dos tipos de flash los manuales en la que la intensidad y duración del destello es fija y en la que el fotógrafo deberá ajustar la exposición de la cámara en función de la distancia al sujeto y los automáticos en la que la potencia del destello está dada por la luz reflejada medida por una fotocélula incorporada en la parte frontal del flash.

El cálculo de la exposición se realiza sin ayuda del fotómetro, a partir del llamado número guía y el control se efectúa únicamente con el diafragma debido a que la máxima velocidad de disparo del obturador es fija, pues está limitada a la velocidad de sincronización para flash (entre 1/60 y 1/125) de segundo, según el modelo.

Esta velocidad se encuentra indicada en el dial del obturador de la cámara marcada con una X.

El número guía se calcula multiplicando la abertura f, por la distancia del flash al objeto y se suele indicar si es en metros o en pies.

Esta cifra se sobreentiende que es con película de 100 ASA.

Por ejemplo, con un flash de NG=55 y un objeto situado a 5 metros, la exposición correcta se consigue con diafragma f/11.

Es decir, para calcular el diafragma, se divide el Número Guía por la distancia al motivo.

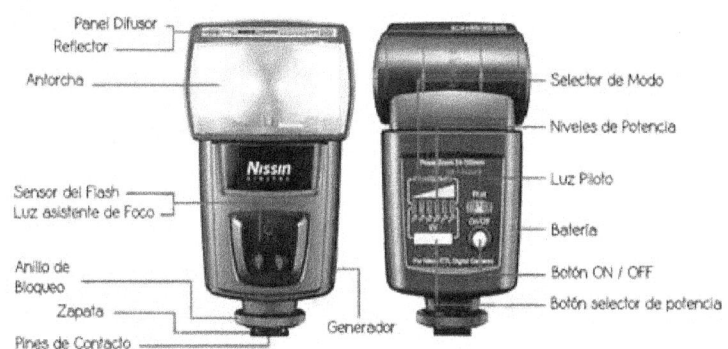

Elaboración de la imagen

Las Posibilidades de elección

Al avanzar en aspectos más creativos de la fotografía lo primero a recordar es que la selección del sujeto no es sino el punto de partida, y deja abierta una enorme cantidad de posibilidades que afectarán al impacto final de la imagen. Por ejemplo, al fotografiar un grupo familiar típico frente a su casa, con solo cambiar el lugar y sin introducir elementos nuevos, o cambiando la posición de algún sujeto son posibles infinidad de combinaciones y disposiciones diferentes a la convencional. Es mucho más fácil componer una buena imagen si se tiene una buena razón para hacerla. Lo primero será preguntarse que trata de expresar la imagen. En un paisaje, por ejemplo, ¿Se trata de destacar algo en especial, o es el sujeto en general lo importante? ¿El ambiente es de grandeza, de soledad, o de abrigo y refugio? ¿Qué es lo que atrae? ¿El ritmo? ¿Las formas y colores? ¿Las texturas? En muchas fotografías descriptivas el centro de interés es obvio. Pero incluso al hacer un tema como el de una familia los enfoques pueden ser muchos: ¿Son las caras lo que interesa?, ¿Es el atuendo?, ¿El ambiente?, ¿El entorno?, ¿Las relaciones familiares?

La Organización

Al mirar una escena solemos concentrarnos en lo que nos interesa, ignorando lo demás. Pero a diferencia del ojo la cámara muestra todo sin hacer distingos. Por eso los aficionados suelen sorprenderse cuando aparecen elementos inesperados en la fotografía que no se habían tenido en cuenta por estar concentrados en el punto de interés. Por eso debemos aprender a mirar con la cámara. Por ejemplo, al fotografiar a un grupo de amigos no basta con tener cuidado de que todos entren y nadie tenga los ojos cerrados, sino que una vez organizado el grupo debemos mirar por el visor ignorando a los amigos y examinando el entorno. Un árbol podría parecer una pierna o brazo extra en las dos dimensiones que tiene la fotografía. Un muro con dibujos o colores muy aparentes detrás del grupo podría no ayudar a un buen resultado. Mediante un enfoque selectivo o cambiando el punto de toma se pueden evitar estos fallos tan comunes. Si imaginamos líneas verticales y horizontales dividiendo la imagen en tercios la intersección entre los dos tercios vertical y horizontal constituye una buena zona para localizar el punto de interés. La superposición de volúmenes y la disminución de tamaño, se consiguen alejando o acercando a los sujetos entre sí y se puede emplear para dar profundidad a una fotografía. Cuanto más complicado sea el sujeto más importante es determinar el punto de vista y el ángulo que clarifique la imagen e ilustre exactamente qué es lo que se pretende. Cuando algo le llame la atención su primer reacción será fotografiarlo desde la mejor posición de la cámara que pueda encontrar, si la luz cambia o el sujeto se mueve perderá la oportunidad. No obstante, es poco probable que la primera toma resulte perfecta, por lo que la segunda reacción será analizar que cualidad hace interesante al sujeto y fotografiarlo excluyendo elementos irrelevantes de la escena, o probando diferentes puntos de toma.

La Perspectiva

La representación de la profundidad en una superficie plana siempre fue el problema de pintores y dibujantes. El procedimiento más conocido, la perspectiva lineal, utiliza una serie de principios geométricos para lograr las proporciones correctas entre objetos a medida que su tamaño aparente disminuye al aumentar la distancia y para hacer que las líneas paralelas parezcan converger a medida que se alejan. La cámara produce estos efectos automáticamente. El enfoque selectivo de sujetos en diferentes planos también logra este efecto. Hay veces en que vasta cambiar un poco el ángulo de la toma para incrementar aún más la sensación de la perspectiva lineal. Esto se logra mediante lo que se conoce como punto de fuga, es decir dejando fuera del fotograma el punto de convergencia de las líneas paralelas.

La Forma

La forma, el volumen, la textura y el color son todos ellos diferentes aspectos del carácter físico de los objetos. En una fotografía "cuentan" el objeto completo: su aspecto y el material que lo compone. Es posible ejercitarse en el uso de cada uno de esos elementos por separado. El conocimiento del aporte de cada uno de ellos permite acentuar las cualidades más características o más llamativas gráficamente. La forma es los más económicos y en cierto sentido el más importante de todos estos elementos: para reconocer un objeto nos basta su silueta. Por ejemplo, para reconocer a una persona basta con su silueta en la que solo se aprecia su perfil. Es obvio que detalles como la textura de la piel, ciertos rasgos o el color del cabello juegan un papel menos importante en la identificación que la forma. Para realizar una silueta se coloca al objeto ante una ventana iluminada asegurándose que ninguna luz u objeto extraños estropeen el perfil. Con la cámara en un trípode se expone para la luz, sobre revelando aproximadamente un 25 %. Se perderá de esta forma el detalle de las luces quedando una silueta.

El Ritmo

El ritmo es un componente esencial en casi cualquier imagen.

Los motivos rítmicos se encuentran en cualquier parte, siendo las formas naturales fuentes particularmente abundantes como son los motivos geométricos regularmente incluidos en formas más complejas que a su vez se repiten a mayor tamaño. De la misma manera procesos industriales se basan en la reproducción de piezas que se auto ordenan siguiendo ritmos característicos que el fotógrafo puede aprovechar.

La Textura

La fotografía puede reproducir la textura con tanta fidelidad que a simple vista puede decirse que sensación daría tocar el objeto fotografiado como por ejemplo la fotografía de una hoja. En un retrato contrariamente hay que estar atento que el exceso de detalle no sea demasiado poco favorecedor. Esta sensación de textura se logra mediante una adecuada iluminación. En general con una iluminación oblicua directa al sujeto se incrementará la textura de los detalles más pronunciados. Con una iluminación oblicua difusa se revela la textura de los detalles más finos.

Combinando ambas iluminaciones mediante reflectores convenientemente ubicados de mostrará no solamente los detalles más evidentes sino también los finos. Mediante la luz oblicua muchas texturas aparentemente sin interés se transforman en temas muy decorativos, por ejemplo, la rugosidad de una montaña, un tronco de árbol, o la arena modelada por el agua.

El Volumen

Lo que da a los objetos fotografiados su aspecto sólido, es sobre todo el juego de luces y de sombras. La fotografía es capaz de reproducir con extraordinaria fidelidad la textura y el volumen ya que es muy sensible a las ligeras variaciones de luz y de sombra, medio utilizado para poner en relieve dichas cualidades. La calidad y dirección de la luz son determinantes a la hora de representar el modelado mediante sombras y texturas. Mediante la yuxtaposición de los elementos contrarios como lo blando y lo rígido; lo suave y lo anguloso son cualidades que toman más fuerza si se presentan juntas.

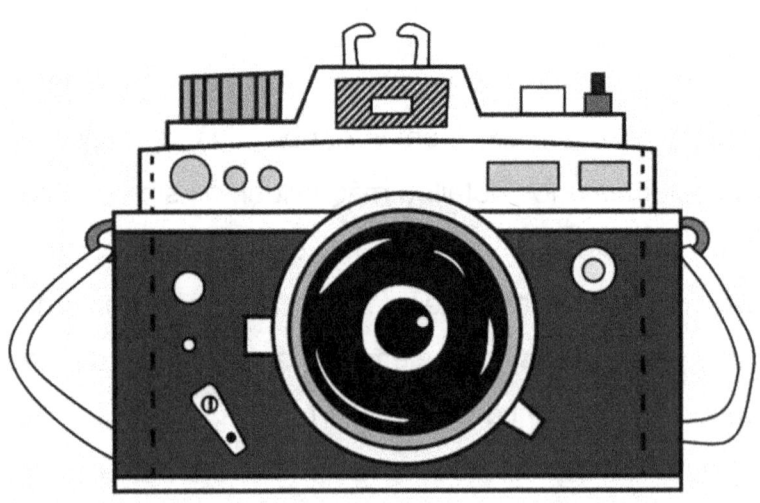

Revelado y positivado

Instalación del Laboratorio

Para montar un laboratorio de revelado, lo mejor es disponer de una habitación vacía obscurecida de forma permanente con anaqueles de trabajo construidos para tal efecto. Pero no todos los aficionados disponen de un sitio así, en ese caso se puede utilizar la cocina o el cuarto de baño de la casa. La habitación elegida debe cumplir con tres requisitos indispensables: Ser fácil de obscurecer perfectamente. Disponer de electricidad para la ampliadora y la luz de seguridad. Y una buena ventilación si se quiere utilizar por varias horas seguidas. Otra cosa recomendable, aunque no imprescindible es disponer de agua corriente para lavar las películas y papeles. Ya sea el laboratorio permanente o provisional, debe separarse en dos zonas distintas: La zona seca para todas las actividades que no necesiten agua ni compuestos, como la elección de negativos y la ampliación. En esta zona colocaremos: La ampliadora, reloj de ampliadora, marginador, lupa de enfoque, plantillas de tapado, luz de seguridad, cizalla, tijeras, cajas de papeles. La zona húmeda donde se preparan las soluciones y se realiza el revelado y fijado de la imagen en negativo o papel. En esta zona colocaremos: El tanque de revelado, espirales, probeta graduada, soluciones concentradas, embudos, cubetas, lavador de copias, pinzas.

Revelado de negativos

Para el revelado de negativos no necesitamos un laboratorio y bien podemos realizar dicha tarea en casa. Sólo necesitaremos lo siguiente:

Un tanque de revelado, un termómetro con precisión de ½ °C para blanco y negro o ¼ °C para color, un reloj, una probeta graduada, agua caliente, un embudo y una cubeta.

Preparación del equipo: El proceso de revelado de la película no puede observarse, pero si controlarse mediante el control de la temperatura y el tiempo. Como todo proceso químico es fácil asegurar un revelado correcto si se controlan estas dos variables. Normalmente las películas en blanco y negro se revelan a 20 °C indicando el fabricante el tiempo necesario en cada caso. Puede trabajarse algo por encima o por debajo de esta temperatura siempre que se ajuste el tiempo en consecuencia.

El revelado de las películas en 10 Pasos
Procedimiento

1) En completa obscuridad se abre el chasis de película con un abrelatas sacando la película sin tocar con los dedos la superficie de esta.

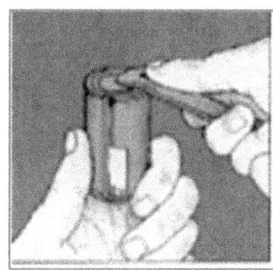

2) Se corta la cola de la película con unas tijeras tratando de hacerlo entre las perforaciones para facilitar la carga de esta.

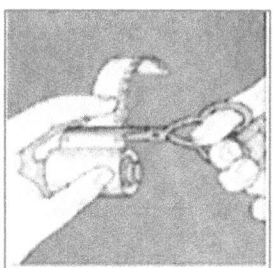

3) Debe enrollarse toda la película en el espiral y se mete en el tanque de revelado, se cierra y ya se puede dar luz.

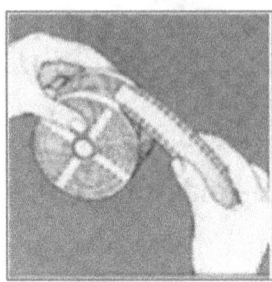

4) Se lleva la solución de revelador a la temperatura adecuada dentro de los límites permitidos.

Se vierte en el tanque y se arranca el reloj.

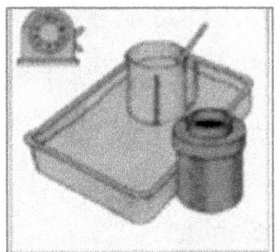

5) Golpee con suavidad el tanque contra la mesa para eliminar las burbujas y agite durante el tiempo de revelado según las instrucciones.

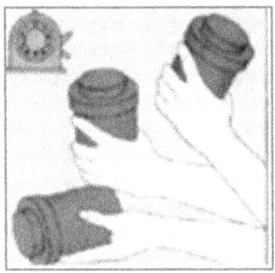

6) Al cumplirse el tiempo se vierte rápidamente la solución en su botella usando el embudo con filtro.

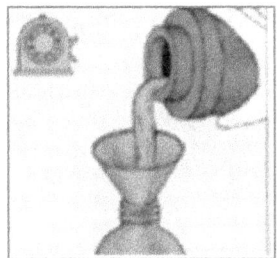

7) Sin abrir el tanque se vierte la solución de paro dentro del tanque revelador. Tras un minuto o dos se vacía, recogiéndolo en su botella ya que también es reutilizable.

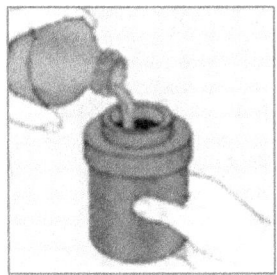

8) Se vierte el fijador dentro del tanque, tras unos minutos ya se puede abrir el tanque sin peligro

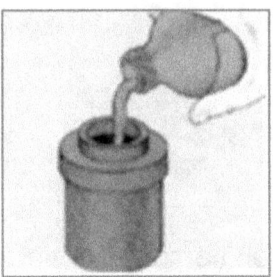

9) Espere que termine el proceso de fijado y lave con abundante agua corriente durante al menos 30 minutos.

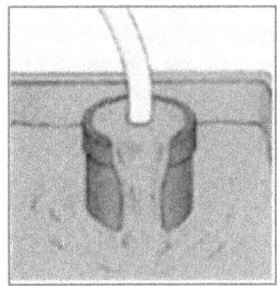

10) Terminado esto la película se cuelga y se deja secar. El proceso será más uniforme si en el último enjuague se agregan unas gotas de humectante para favorecer el escurrido uniforme.

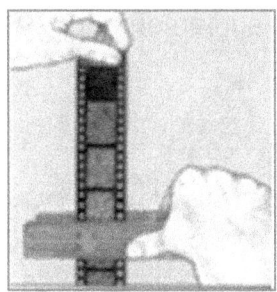
La ampliación

Una ampliadora es básicamente un instrumento que proyecta la luz a través de un negativo, al que enfoca a una hoja de papel sensible sujeta a un marginador colocado en la base. Las ampliadoras varían en posibilidades y precio, pero los requerimientos básicos serían los siguientes: solidez, un objetivo que produzca imágenes nítidas y una columna que permita ampliar al tamaño que nos interesa.

Tipos de ampliadoras

Izquierda: Normal Vertical

Centro: Con espejo reflectante

Derecha: De doble condensador

C: Condensador

D: Difusor

N: Negativo

C1: Condensador suplementario

S: Espejo reflectante

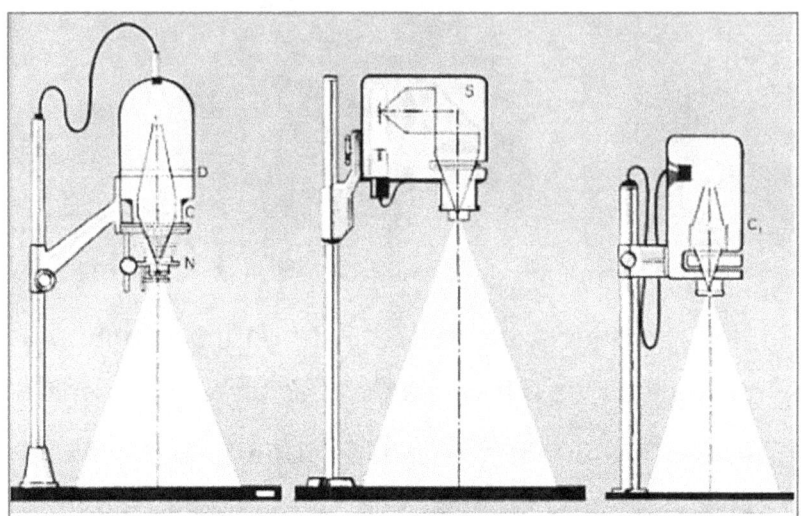

A partir de un negativo de 35 mm lo máximo que suele ampliarse es diez veces, lo que se logra con casi cualquier ampliadora. Además, debe permitir utilizar diferentes tamaños de negativos.

El proceso de ampliación consiste en los siguientes pasos:

1. Sacar el porta negativos abrirlo y colocar el negativo centrándolo ante la ventana con la emulsión hacia abajo.

2. Abrir completamente el objetivo.

3. Retirar el filtro rojo, encender la ampliadora y apagar el laboratorio.

4. Sujetar el porta negativos bajo el haz luminoso para comprobar que no quedó polvo, de ser así eliminarlo suavemente.

5. Montar el porta negativos en la ampliadora dar luz de seguridad y mover el cabezal hasta que el tamaño proyectado sea el deseado. Enmarcar con el marginador.

6. Enfocar hasta que se vea el grano, usando una lupa de enfoque si es necesario.

7. Cerrar a f8 aproximadamente, para evitar el posible efecto de la curvatura del negativo.

8. Apagar la ampliadora y con la luz de seguridad sólo sacar un papel de la caja y cortar una tira de prueba de por lo menos 2,5 cm de ancho cerrar la caja asegurándola con un trozo de cinta adhesiva.

9. Exponer la tira de prueba eligiendo una zona de la imagen que sea representativa de una amplia gama tonal, cubriéndola por cuartos con un cartón de forma que quede expuesta por ejemplo a 40, 20, 10 y 5 segundos.

Revelar y observar cual sería el tiempo de exposición correcto.

10. .La tira no solamente sirve para determinar el tiempo de exposición sino también el grado de contraste del papel. A f8 una exposición razonable estará entre 10 y 20 segundos. Si la tira sugiere un tiempo mayor es preferible abrir el diafragma y hacer otra.

11. .Con sólo la luz de seguridad sacar otro papel, cerrar la caja y colocarlo en el marginador con la cara brillante hacia arriba. Encender la ampliadora, quitar el filtro rojo, exponer el tiempo necesario y revelar. Una buena copia debe presentar un intervalo de grises amplios, negros sólidos y blancos limpios. Los tonos serán continuos, con una buena definición y nitidez. La función del filtro rojo es la de observar la imagen sobre el papel sin exponerlo.

Laboratorio color

El equipo de laboratorio necesario para color difiere muy poco del utilizado en blanco y negro.

Cualquier ampliadora provista de porta filtros para corrección del color sirve. Debemos tener un juego de filtros amarillo, magenta y cian, que por lo general incluyen siete de cada color, para las diferentes densidades.

Debe utilizarse también uno ultravioleta y uno infrarrojo anticalórico.

La otra posibilidad es comprar una ampliadora con cabezal color, más cara que las de blanco y negro, pero más cómoda de utilizar.

El control de temperatura del revelado debe ser mucho más estricto, el termómetro tendrá una precisión de cuarto de grado entre 20 y 40 °C. También se tendrá más cuidado en el manejo de los baños utilizando guantes de goma y evitando que se contaminen unos con otros.

Revelado color

Las películas en color se revelan en el mismo tanque empleado para blanco y negro.

Casi todas pueden revelarse en casa tanto películas negativas como invertibles.

Pero a diferencia de lo que ocurre con el material en blanco y negro se deben utilizar los materiales en función de la película, ya que no son compatibles entre sí.

Si se siguen las indicaciones del fabricante rigurosamente verá que revelar en color no es más difícil que en blanco y negro.

Los pasos para seguir son los siguientes:

1. Prepare los compuestos diluyéndolos a las concentraciones indicadas. Evite cualquier contaminación. Deje las soluciones en una cubeta con agua caliente para que alcancen la temperatura indicada.

2. En completa obscuridad cargue la espiral exactamente igual que en blanco y negro, con las manos secas y evitando tocar la emulsión. Cierre el tanque.

3. Encienda la luz y meta el tanque cargado en agua caliente junto con las soluciones. Vierta la primera solución dentro del tanque.

4. Golpee suavemente el tanque contra la mesa para eliminar las burbujas de aire y conecte el reloj. Agite siguiendo las instrucciones. Mientras no se agite el tanque se mantiene en la cubeta para mantener la temperatura.

5. Al terminar el tiempo vierta el revelador. En algunos procesos se puede recuperar, mientras que en otros se desecha.

6. Siga la secuencia de las diferentes soluciones.

7. Las películas invertibles precisan un segundo revelado tras el velado. Tanto los negativos como las

diapositivas tienen una fase de blanqueo en la que se elimina la imagen de plata antes de fijar y lavar.

8. Lave la película con abundante agua conectando una manguera de goma directamente al tanque. Las películas de color suelen precisar un baño final de estabilización tras el lavado, para hacer por completo estable la imagen.

9. Por último, cuelgue la película a secar en un sitio sin polvo. La película negativa tendrá un tono naranja, que compensa ciertas deficiencias en el rendimiento de color de los pigmentos.

Positivado color

Aunque el papel en color puede revelarse en cubetas como el Blanco y Negro es mucho más práctico emplear un tambor de procesado. Como el papel en color es sensible a todo el espectro no se puede manejar con una luz de seguridad normal, sino que es necesario una luz de sodio, muy cara y que además da muy poca luz. Los tambores entonces permiten una vez cargado el papel un manejo seguro a plena luz de todo el trabajo.

Para el procesado de las copias en color deberán seguirse los siguientes pasos:

1. Meta el negativo o la diapositiva en el porta negativos de la ampliadora con la emulsión hacia abajo. Cuide de que no haya polvo sobre el negativo.

2. Una vez colocado el porta negativos en sus sitio, enfoque con el objetivo a plena abertura, se puede utilizar una lupa de enfoque.

3. En completa obscuridad, abra la caja de papel y corte una hoja en tiras y ponga una de ellas en el marginador atravesando una zona representativa de la imagen. Guarde el resto del papel en la caja, asegurándose que quede perfectamente cerrada antes de empezar la exposición.

4. Puede realizar varias exposiciones de prueba sobre la misma tira cubriendo con un cartón y descubriendo una cuarta parte consecutivamente para dar exposiciones conocidas al papel.

5. Apague la ampliadora y meta la tira expuesta con la emulsión hacia adentro en el tambor de revelado. Una vez cerrado este puede volver a encender la luz.

6. Ponga las soluciones en una cubeta con agua caliente hasta que alcance la temperatura de trabajo. Siga las instrucciones asegurándose que las temperaturas se encuentran dentro de los límites. La del revelador es la más crítica.

7. Algunos fabricantes aconsejan mojar el papel antes de verter el primer baño. Una vez tirada el agua del baño previo, vierta la cantidad necesaria del revelador, manteniendo el tanque en posición vertical. La solución queda almacenada en la tapa, y no entrará en contacto con el papel hasta que se tumbe el tambor. Ponga en este la tapa para evitar la fuga de líquido.

8. Lleve el tambor a la posición horizontal y ponga en marcha el reloj. Ruede el tambor hacia adelante y hacia atrás para agitar. La agitación debe ser continua.

9. Al terminar el revelado, saque la solución lo más rápido posible. Conviene reservar 10 segundos del tiempo final para escurrir. Normalmente el revelador se tira.

10. Siga la secuencia con los demás baños, esto tarda aproximadamente 12 minutos con sólo tres etapas: revelado, blanqueo y fijado, aunque la mayoría intercalan baños intermedios de paro y aclarado. Una vez terminado el proceso saque el papel del tambor.

11. Lave el papel con agua corriente no demasiado fría. Pase el estabilizador si corresponde y escúrrala.

Por último, seque con aire caliente. No evalúe los colores hasta que el papel esté totalmente seco.

12. Con la tira de prueba ahora puede evaluar la exposición. Si debe incrementarse el filtraje también hay que aumentar el tiempo de exposición.

La ampliadora

Una ampliadora es un aparato que consta de diversos elementos electrónicos y ópticos para poder exponer el papel fotosensible interponiéndole el negativo y consiguiendo que la imagen proyectada sea de un tamaño superior al del negativo. Es decir, la copia positiva resultante estará ampliada con respecto al fotograma de la película. Todas ellas tienen los siguientes componentes básicos.

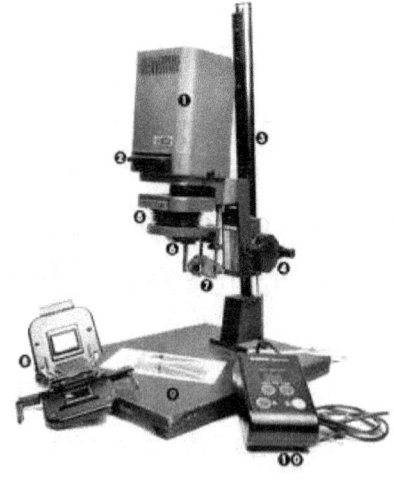

1. Cabezal
2. Vidrio Difusor
3. Eje de Altura
4. Mando de Altura
5. Fuelle de Enfoque
6. Objetivo
7. Filtro de Seguridad
8. Portanegativos
9. Base
10. Temporizador

Prácticas

Una mancha de color

Nuestra atención siempre se verá atraída por los colores vivos, y si disponemos de película de color es difícil resistir la tentación de fotografiar los brillantes rojos, amarillos o azules. Pero el color requiere una técnica cuidadosa, y con un poco de ingenio se pueden conseguir resultados espectaculares. Una sola mancha de color en una toma uniformemente monótona resultará bastante más espectacular que el exceso de tonalidades opuestas. Con las películas modernas, capaces de registrar las más pequeñas variaciones de tonalidad y de retener la saturación del color completa, son eficaces bajo prácticamente cualquier condición. Tal vez la clave para manejar bien el color es aprender a percibirlo igual que la cámara seleccionando los colores que contribuyan a crear el efecto deseado y excluyendo los demás. Los seres humanos compartimos con muchos otros animales la conciencia instintiva del significado de los colores brillantes, y nuestra atención se ve casi inevitablemente atraída por ellos. Hay que tener

---

presente esto en la composición de las fotografías. Por ejemplo, en un paisaje montañoso con enormes y espectaculares (aunque grises) formaciones rocosas, nuestra atención se centrará inmediatamente en una diminuta figura de un buzón de color rojo. Paradójicamente, la importancia de una mancha de color, como el buzón rojo puede verse realzada simplemente a causa de la pequeñez dentro del fotograma. En este punto debe manejarse con cuidado la pequeña mancha de color. Si la intención del fotógrafo es mostrar la grandiosidad de la naturaleza, se corre el riesgo que enseguida la atención del observador se centre en la pequeña mancha de color. De la misma manera por más interesante y expresivo que sea el rostro de un vendedor de flores, se corre el riesgo de que este se pierda interés frente a los colores del entorno. Por eso al componer la fotografía se debe cuidar que los colores que distraigan la atención complementen el objeto de interés principal. En el caso del escalador quizás sea conveniente que se vea lo más pequeño posible y ubicarlo en la parte baja y hacia un lado. En el caso del vendedor de flores, conviene acercar lo más posible la cámara, de modo que las flores, aunque aún visibles, ocupen sólo una fracción del encuadre. Otro factor para tener en cuenta es que los distintos colores producen distintos efectos psicológicos. Por ejemplo, el azul transmite melancolía, el rosa romanticismo, los rojos y amarillos excitación e incluso violencia. Además, es importante saber que los colores se relacionan unos con otros. La forma esquemática usual de presentar este efecto es la rueda de colores, en ella los colores del espectro forman un círculo en el que los colores consecutivos (por ejemplo, el azul y el verde) se combinan armoniosamente y los opuestos (como el rojo y el azul) contrastan. Cuando dos colores opuestos se encuentran la vista tiende a separarlos con fuerza.

A la búsqueda de un tema

Cualquier tema sirve para juntar unas cuantas fotografías, siendo los más sencillos los más eficaces. Además, las fotografías suelen ganar al situarse en el contexto de otras. Es una muy buena práctica el buscar fotografías con un tema en común, no encierra dificultades técnicas, ni hace falta un equipo especial. Además, una vez elegido se puede desarrollar por mucho tiempo mientras se hacen otro tipo de fotografías. Si usted suele tener un interés especial por algún tema, posiblemente ya tenga algunas fotografías sobre el mismo y no se ha dado cuenta, conviene aprovechar esto a empezar un tema nuevo al azar. Un ejemplo de esto podría ser el fotografiar diferentes ventanas. Podemos además de centrarnos en los diversos tipos de éstas, buscar diferentes objetos que centran el interés en torno a la ventana en sí. También con el tiempo bien podría servir nuestro tema elegido para ver las variaciones a lo largo de las épocas y llegar a ser interés para historiadores del futuro o estudiosos de las costumbres humanas.

Los desnudos

El desnudo ha sido un tema favorito desde la creación de las primeras imágenes, dibujadas o fotografiadas. Para muchas personas el problema principal es empezar. Muchos fotógrafos son conscientes de las posibilidades fotogénicas del desnudo, pero pocos las exploran. Pero con bastante confianza y un poco de suerte puede uno enfrentar este tema con la misma fortuna que otro cualquiera. El problema principal es encontrar modelo. Antes de tomar fotografías de desnudo hay que tener seguridad sobre la condición fotogénica del modelo. Si hay dudas disminuirá la seguridad del sujeto y casi toda posibilidad de éxito. Las agencias profesionales son sin duda la mejor fuente de modelos. Los modelos profesionales están acostumbrados a posar y carecen de inhibiciones. Y además contribuyen positivamente con el fotógrafo ya que conocen que tipos de poses son más atractivas y que ángulos resultan más apropiados. Pero quizás resulte muy costoso realizar una sesión con un modelo profesional, por lo que podemos hallar modelos entre amigos y parientes, incluso algunas personas se sientan alagadas al proponerles realizar una sesión de desnudos. También puede contarse con desconocidos. De todas formas, siempre se requerirá una dosis considerable de tacto y de seguridad como convencerlos de la honradez de sus intenciones y del éxito potencial de la sesión. Una vez que disponga de modelos, hay que buscar un lugar. No es necesario un gran estudio ni un equipo costoso, con una habitación y luz diurna se pueden obtener resultados muy buenos. La iluminación difusa que penetra por una ventana en un día nublado pero luminoso, realza los contornos del cuerpo sin producir sombras duras. Y la luz clara blanca da una tonalidad natural y limpia a la piel que disimula los defectos. Se deberá evitar preferiblemente la presencia de intrusos para que modelo y fotógrafo puedan trabajar sin nerviosismo ni inhibiciones. Aunque depende del tipo de fotografías programadas generalmente se debe buscar un lugar con amplias ventanas para tener buena iluminación, y se debe tener cuidado a las sombras de árboles u otras que puedan estropear la escena. Por eso son preferibles los pisos altos y una habitación con ventanas bajas que iluminen el sujeto completamente. Una de las fotografías más corrientes y a menudo más agradable de fotografiar un desnudo (preferiblemente femenino) es una mujer junto a una ventana en situación de mirar a través de ella pensativamente. El decorado de la habitación depende de las fotografías a realizar. Una piel bronceada resplandece sobre unas luminosas paredes blancas, mientras que una piel blanca se confunde sobre una pared rosa claro o crema. Igualmente, una pared rugosa realza la suavidad de la piel. Cualquiera sea la habitación elegida, es preferible que el fondo sea simple. Las curvas y pliegues sugieren sensualidad, las cortinas y alfombras transmiten sensación de lujo, y la asociación con ropas de cama añade un toque de erotismo. Antes de comenzar conviene tener claro que tipo de fotografía desea hacer. Es conveniente también hacer un guion de trabajo para aprovechar mejor el tiempo y dirigir al modelo. La relación del fotógrafo y el modelo es muy importante durante las tomas. Ambos necesitan sentirse a gusto. No obstante, cualquiera sea el tratamiento que dé al sujeto, el resultado último depende de su creatividad y de su capacidad para dirigir al modelo durante la sesión con gentileza y tacto.

La ciudad de noche

El aspecto de una ciudad cambia por completo durante la noche y ofrece al fotógrafo oportunidades notables, especialmente durante el crepúsculo. Pero conviene evitar las vistas corrientes, buscando ángulos inusuales e imágenes abstractas. Pocos aficionados se dan cuenta del potencial fotográfico que ofrece la noche. Al contrario de lo que sucede en el campo, la noche en la ciudad pocas veces es completamente negra; por lo general se dispone de luz suficiente para tomar fotografías si se dan exposiciones prolongadas. El secreto de la fotografía nocturna es buscar la luz ambiente adecuada y utilízala a fondo. Las fotografías de letreros luminosos y de iluminación de centros de recreo son los ejemplos más populares. Si el fondo es negro, la fotografía final tiene un aspecto bastante abstracto ya que no existe ningún elemento que relacione las luces entre ellas. En este caso debe cuidarse especialmente la composición, imaginándose la escena encuadrada como una estructura abstracta de altas luces de color. Por atractivas que sean las luces, resultarán poco interesantes sobre la película si la toma no está bien compuesta. Hay que tener presente que unas pocas grandes zonas de un solo color resultan en general más atractivas que muchas pequeñas áreas de colores opuestos. Si en lugar de una toma abstracta, desea conseguir un paisaje urbano incluyendo una parte mayor de la escena en el encuadre necesitará una exposición más prolongada para captar las zonas oscuras. Experimente sobre estos temas: Las luces del tránsito, los cristales de los coches, superficies reflectantes, noches lluviosas y superficies mojadas, luces de parques de atracciones, faroles. A veces es conveniente excluir los letreros iluminados. Cuide las dominantes de color que dan los tubos fluorescentes (verdoso) y trate de no incluir personas en dichas tomas ya que no resultarán agradables. Si cualquiera de las luces o la cámara se mueven podrá mantener el obturador abierto durante un tiempo prolongado y crear efectos especiales.

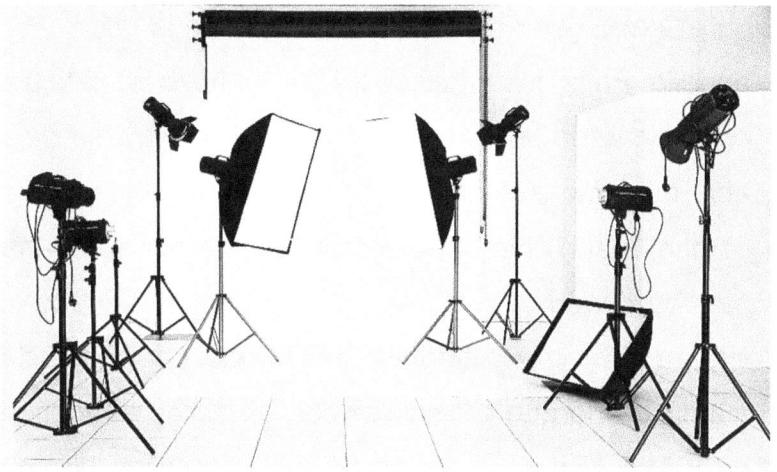

Luz artificial

Ejercicios Prácticos

Ejercicio práctico. La cámara

Fabricación casera de una cámara

Consiste en una caja opaca de un pequeño orificio en un extremo que proyecta una imagen en el interior de aquella. En la oscuridad se monta un trozo de película en la parte de la caja opuesta al orificio; éste se deja abierto durante un minuto, por ejemplo, situando la cámara (caja) ante una escena muy luminosa. En una caja de cartón se hace un agujero y se ennegrece el interior. Ante la abertura se sujeta una hoja de aluminio a la que se perfora con un alfiler, cubriendo el orificio con cinta opaca. La película va en la cara opuesta a éste. Un orificio forma una imagen dejando pasar un cono de rayas procedentes de cada punto del sujeto.

Ejercicio práctico. Profundidad de campo

Conviene acostumbrarse a decidir de antemano que parte nos interesa mantener nítida. Si el objetivo utilizado, la abertura escogida o la distancia del sujeto dan un intervalo de nitidez limitado, se puede aprovechar la latitud de profundidad para enfocar algo por delante o por detrás del sujeto con el fin de que la nitidez alcance a las partes de la escena más interesantes.

1.- Elegir un tema natural, exterior y con varios elementos y a diferentes distancias.

Realizar una fotografía con gran profundidad de campo.

Realizar una fotografía con muy poca profundidad de campo, eligiendo previamente que parte es la más interesante para salir nítida. (Diafragmado).

Ejemplo: Un paisaje en donde aparezca un edificio, arboles, una persona.

2.- Conseguir una fuerte perspectiva con la profundidad de campo. Tema para elegir.

Ejercicio práctico. La exposición

Elegir un paisaje con alguna arquitectura (edificio).

1.- Hacer la exposición para las zonas más luminosas de la escena (por ejemplo, el cielo). Para medir la luz se tomará en el encuadre la mayor parte del cielo, se hará la lectura y seguidamente se volverá a encuadrar.

Resultado: Una silueta del edificio.

Fotografía contrastada (contraluz).

Edificio subexpuesto.

2.- Hacer la exposición para las zonas oscuras de la escena.

Resultado: Detalle del edificio.

Alto contraste.

Cielo sobreexpuesto.

3.- Hacer una exposición media de las dos anteriores.

Resultado: Mas equilibrio de contraste.

Ejercicio práctico. El obturador

1.- Para comprobar las posibilidades de la velocidad de obturación se realizará una práctica que constará de tomar una serie de fotografías de una persona en movimiento con diferentes velocidades de obturación; donde se observará cual es la velocidad más adecuada para detener el sujeto móvil, cómo emborronar para expresar movimiento en una imagen fija como es la fotografía, o hacer desaparecer a ese sujeto.

La elección de la velocidad viene determinada por la elección de la perpendicular, diagonal o frontal del sujeto respecto a la cámara y además por su distancia a la misma.

A.- Persona andando que cruza la escena.

B.- Persona andando hacia la cámara.

C.- Persona en bicicleta que cruza diagonal.

(Realizar con velocidades: 1/250, 1/125, 1/30, 1/8, 1/2, 2)

2.- Hacer una toma en la Gran Vía a pleno día en donde no aparezcan tráfico de coches, no personas.

3.- Hacer una toma de un familiar o persona conocida sin cabeza.

Ejercicio práctico. Elementos del motivo

Con estos ejercicios el alumno aprenderá a organizar y componer elementos sencillos en un espacio bidimensional como es la fotografía.

1.- La línea. El alumno deberá buscar imágenes gráficas en las revistas, periódicos, libros, etc., en donde predomine la línea horizontal; y otras en la que la imagen manifieste un claro sentido vertical.

-Realizar tres composiciones u organizaciones lineales por medio del "collage".

-Recopilar objetos de poco volumen para organizarlos en clase dando diferentes sensaciones de equilibrio, desequilibrio, pesadez, rigidez y fragilidad.

2.- La forma

-Con la película adecuada, realizar contraluces de objetos muy cotidianos de uso doméstico.

-En el laboratorio, en vez de ampliar un negativo, se ponderan objetos pequeños (opacos y transparentes) al azar sobre el papel fotográfico y se expondrán a la luz de la ampliadora.

Seguidamente se revelará como si se tratase de una ampliación normal. En el resultado se verán las siluetas de dichos objetos reconociendo sus formas.

-Con las formas del ejercicio anterior, recortarlas y agruparlas haciendo composiciones interesantes sobre una cartulina.

Ejercicio práctico. La organización

1.- Realizar una serie de fotografías del grupo familiar de cada alumno.

Atendiendo al cambio del punto de toma y de la composición, teniendo en cuenta que es lo que es lo que se quiere resaltar:

- Las expresiones de las caras.

- El atuendo de los personajes.

- El entorno y su relación con el grupo.

- Las relaciones familiares, etc.

Ejercicio práctico. El positivado

1.- El tapado. Equilibrio de contraste

-Con un negativo en donde haya zonas muy contrastadas o partes en donde no se vea detalle, se equilibrará dicho contraste mediante el "tapado".

Técnica: Para acortar la exposición en una zona localizada de la ampliación se enmascara la parte necesaria de la imagen durante parte de la exposición, para que la luz le llegue durante menos tiempo que al resto. El incremento local de exposición se hace justamente al revés: en lugar de tapar una parte de la imagen se le da una exposición mayor - tapando el resto- una vez completado el tiempo necesario para toda la ampliación.

2.- El viñetado

Realizados anteriormente los retratos de los alumnos en la práctica de iluminación, en este ejercicio se realizará el viñetado de dichos retratos.

Una fotografía viñetada es la positivada de tal forma que sus bordes se funden en un fondo negro o blanco. Se realizan con una máscara circular ovalada. Para hacerla blanca, se corta el centro de la plantilla y se coloca la parte de fuera entre la ampliadora y el papel durante toda la exposición. Para hacerla negra se expone primero el papel de la forma normal y a continuación se apaga la ampliadora y se saca el negativo.

Ejercicio práctico. Tono

Con papeles de celofán de color rojo, azul, amarillo, verde, cortarlos dándoles formas redondeadas, cuadradas, tiras, etc., y exponerlos sobre el papel fotográfico en la ampliadora. Después se procederá al revelado.

Resultado: Se observará como actúa el color en el papel de B/N, quedando una gama de grises, dependiendo del color que se exponga. Combinar el ejercicio anterior con la ampliación de un negativo; por ejemplo, realizar viñetado, elementos en primer término, transparencia, etc.

Ejercicio práctico. Textura

Con celofanes de colores arrugados, realizar exposiciones en la ampliadora junto con la ampliación de un negativo.

Resultado: Diferente textura del negativo actuando el papel arrugado de color como transparencia.

Tramas: Realizar ampliaciones de negativos revelados de prácticas anteriores colocando entre le objetivo y el papel sensible tramas como la de una gasa o una placa tramada de alambre.

Ejercicio práctico. La iluminación

Cada alumno hará un retrato de su compañero con tres iluminaciones diferentes expresando: amabilidad, enfado y miedo. Empleando difusores, luces duras, suaves o lo que se necesite.

-Fotografiar en exteriores por la noche, planos generales de la ciudad, donde aparezcan edificios iluminados, luces de neón de comercios, etc.

-Emplear el flash en fotografías en exteriores de día en tomas de contraluces.

-Combinar el flash con iluminación ambiental en exteriores para crear un efecto más natural que el del flash solo.

-Fotografiar a una persona en un interior con luz natural del día que penetra a través de una ventana.

Glosario de términos fotográficos

Aberración

Deficiencia óptica de un objetivo que da lugar a imágenes faltas de nitidez o deformadas. Ningún objetivo es perfecto y la corrección de las aberraciones es uno de los aspectos más importantes del diseño. Por lo general se logra combinando lentes simples de manera que las aberraciones de una sean corregidas por las aberraciones opuestas de otra. Aunque es relativamente fácil corregir así cualquier aberración particular, es mucho más difícil lograr un equilibrio general, ya que la compensación de un defecto puede incrementar otro. Desde este punto de vista, el diseño de un objetivo es siempre un compromiso. Hay dos tipos principales de aberración: la aberración esférica, o perturbación del foco, y la cromática, o perturbación del color. Ambas se deben al hecho de que los rayos luminosos que atraviesan una lente simple no enfocan todos en un mismo punto, porque los que la cruzan por su parte exterior sufren una refracción mayor que los que lo hacen por el centro, y en el caso de una lente convexa, se

---

enfocan más cerca de ésta. De la misma forma, las diferentes longitudes de onda de los colores del espectro que forman la luz blanca están sometidas a diferentes grados de refracción, de manera que la luz azul forma el foco en un punto más próximo a la lente que la roja. Los objetivos corregidos para enfocar dos de los colores primarios en un mismo plano mediante el empleo de diferentes tipos de vidrio se llaman acromáticos; casi todos los empleados actualmente pertenecen a esta categoría. Los corregidos para el azul, el verde y el rojo se llaman apocromáticos; son muy caros de fabricar y se reservan a trabajos técnicos. Las consecuencias de las aberraciones esférica y cromática se minimizan trabajando a aberturas pequeñas, porque así todos los rayos luminosos se ven obligados a atravesar el objetivo por el centro, donde la curvatura y las diferencias de refracción son mínimas. Ambos tipos de distorsión afectan a las imágenes formadas por cualquier clase de rayo luminoso, incluso los que atraviesan el objetivo a lo largo del eje, pero hay otras cinco que afectan sólo a las imágenes no axiales y que, por tanto, son más importantes en los objetivos gran angulares:

1) Aberración cromática lateral, que determina la alteración del tamaño de la imagen en función del color; cuanto más oblicua sea la imagen, tanto mayor será la deformación provocada por la dispersión de las diferentes longitudes de onda de la luz. La aberración no se corrige diafragmando. 2) Coma, una forma exagerada de aberración esférica que transforma las imágenes de los puntos no axiales en series de diminutos círculos solapados dispuestos de forma parecida a la de una cola de cometa. 3) Astigmatismo, o incapacidad de enfocar en un mismo plano las líneas perpendiculares situadas en el perímetro del campo; el resultado es una imagen comprometida, con bordes difusos. 4) Curvatura de campo, o incapacidad del objetivo para producir una imagen nítida sobre el campo plano de la película; las imágenes de objetos lejanos se forman más cerca del objetivo que las de los próximos, de manera que cuando se trata de formar la imagen de una superficie plana y paralela al plano focal, los bordes de esta se enfocan más lejos del objetivo que la parte central. En un objetivo sin corregir para esta aberración es imposible enfocar a la vez el centro y los bordes. 5) Distorsión o dispersión de los rayos luminosos no

axiales, de forma que el aumento de la imagen varía dentro del plano focal. Afecta pues, a la forma, no a la nitidez. Si los bordes de la imagen se abomban hacia afuera, se habla de distorsión en barrilete; si se curvan hacia adentro, de distorsión en almohadón. La coma, el astigmatismo y la curvatura de campo se reducen diafragmando, pero no la distorsión, que varía con la abertura relativa. Los buenos objetivos son actualmente de tan buena calidad que el usuario casi nunca tiene que preocuparse de las aberraciones, aunque los zoom raramente alcanzan el nivel de los de focal fija equivalente. Los objetivos convencionales pueden enfrentarse con casi cualquier situación, aunque hay cada vez más objetivos especializados. Los empleados en fotografía aérea, por ejemplo, están diseñados para rendir un campo lo más plano posible y una nitidez muy alta en toda el área de imagen cuando están enfocados a infinito y funcionan a elevadas velocidades de obturación (para neutralizar el movimiento del aparato) y, en consecuencia, a aberturas grandes; la corrección cromática está pensada para compensar los filtros amarillos, naranjas o rojos con que suelen usarse. Las aberraciones pueden también aprovecharse creativamente; así, los objetivos llamados suavizadores, utilizadísimos en retrato, tienen una aberración esférica deliberadamente alta.

Abertura

Orificio practicado en la parte anterior de la cámara para dar paso a la luz. Suele ser circular y, salvo en cámaras muy elementales, de tamaño variable para regular la cantidad de luz que atraviesa el objetivo y llega a la película. Se llama abertura efectiva al diámetro del haz luminoso que atraviesa el elemento anterior del objetivo a lo largo del eje. Salvo en los raros instrumentos en que la abertura está por delante del objetivo, la abertura efectiva es un poco mayor que la real, porque la luz se refracta al atravesar la primera lente y el haz se estrecha; no obstante, la abertura efectiva varía proporcionalmente a la real, cuyo diámetro debe modificarse por medio de un diafragma iris. La abertura relativa es la relación entre la longitud focal del objetivo y la abertura efectiva. Así si el objetivo tiene una focal de 50 mm. y la abertura efectiva es de 25 mm., la relativa será de 50/25=2, resultado que suele expresarse como número f, en este caso f2; a mayor número f, menor abertura. La serie de valores de abertura normalmente grabada en los objetivos es 2, 2.8, 4, 5.6, 8, 11, 16 y 22; cada paso supone (aproximadamente) la mitad de luz que el anterior o el doble que el siguiente. Algunos objetivos superan los límites superior o inferior de la serie indicada; si la abertura máxima es mayor se dice que el objetivo es rápido, porque la gran cantidad de luz a que da paso permite emplear una velocidad de obturación más alta, cualidad muy de apreciar cuando se trabaja en lugares poco iluminados o cuando las circunstancias, fotografía deportiva, por ejemplo, aconsejan el empleo de velocidades de obturación altas. La consideración de rápido depende del estado del diseño de objetivos en cada momento; en la actualidad, un 50 mm. con más de f2.8 pueden describirse como tales. Cuanto mayor sea la rapidez (o luminosidad) del objetivo, tanto más difícil es su fabricación y, por tanto, alto su precio.

Ablandadores del agua

Compuestos que eliminan o neutralizan las sales de calcio o magnesio presentes en el agua dura. Estas impurezas reaccionan con los reveladores y provocan la formación de espuma o de depósitos sobre las películas. El ablandador más frecuente es el carbonato sódico, que precipita las sales de calcio y magnesio. También pueden emplearse los minerales llamados zeolitas, que actúan por sustitución de los iones insolubles de calcio por los solubles de sodio.

Abrasión

Señales de rayas y rozaduras presentes en la emulsión fotográfica procesada. Son imputables a causas muy diversas, y por lo general se producen durante la carga o el procesado. Son difíciles de eliminar, aunque las más ligeras pueden tratarse frotando con un algodón impregnado en metílico. Para evitar que se reproduzcan en la ampliación, se emplea una ampliadora de luz difusa.

Absorción

Captación por parte de los cuerpos de energía luminosa y transformación de esta en calor. Las ondas luminosas son absorbidas o reflejadas por las superficies en las que inciden, cuya coloración es resultado de la absorción selectiva. El negro absorbe casi todo el espectro, al contrario del blanco, que refleja casi todas las longitudes de onda; una superficie roja absorbe las luces azul y verde y refleja la roja. La absorción puede calcularse midiendo la parte absorbida de una onda luminosa frente a su longitud. La ordenación de los valores obtenidos en un gráfico forma lo que se llama "curva de absorción", que se emplea en la determinación de ciertas características de los materiales en color y los filtros.

Aclarado

Cualquier baño usado a lo largo del procesado del negativo o copias para eliminar las manchas o neutralizar los compuestos de pasos anteriores de la operación.

Actinismo

Poder de la luz para inducir alteraciones físicas o químicas en los materiales expuestos a ella. El poder actínico de las ondas luminosas es máximo en el extremo azul-violeta del espectro.

Acutancia

Medida científica de la nitidez de una imagen. Se determina calculando el gradiente de cambio de tonalidad desde el blanco al negro en la imagen del filo de un cuchillo obtenida por contacto: cuanto más rápida sea la transición, tanto más nítida será la imagen. La acutancia, junto con el poder de resolución, determina en gran medida la definición, o evaluación subjetiva de la claridad de una imagen.

Aditiva

Producción de una imagen en color por mezcla de luces azul, verde y roja en cantidades proporcionales a las del motivo original. La viabilidad de esta síntesis fue demostrada por vez primera en 1861 por el científico escocés James Clerk Maxwell, quien realizó tres diapositivas en blanco y negro de una cinta de tartán a través de otros tantos filtros primarios y los proyectó sobre una pantalla blanca a través de los mismos filtros para crear la primera fotografía en color de la historia. Cuando los primarios aditivos se combinan por pares se obtienen los complementarios empleados en la síntesis sustractiva: la combinación de azul y verde da cian, la de azul y rojo magenta, y la de rojo y verde amarillo. En los antiguos procesos de color, como la placa autocroma, se utilizó una forma particular de síntesis aditiva esencialmente igual a la empleada actualmente en la televisión, aunque desde la década de 1920 prácticamente toda la fotografía en color se basa en la síntesis sustractiva.

Aerógrafo

Instrumento que emplea aire a presión para dispersar un pigmento en partículas muy finas.

Tiene el aspecto de una estilográfica grande y se sujeta de forma parecida, con el índice levantado para controlar el suministro de aire.

Se emplea para colorear copias, retocar positivos y negativos, ocultar las uniones de los collages, añadir nubes u otros elementos y eliminar defectos o fondos innecesarios.

La técnica no es fácil de dominar, pero el aerógrafo permite efectos difíciles de conseguir con pinceles.

Albert, efecto

Obtención de una segunda imagen en una película expuesta por tratamiento con ácido crómico y posterior exposición a la luz.

Tras el revelado aparece una imagen positiva formada por haluros no afectados por la exposición inicial ni por el proceso de blanqueo.

Alto contraste, reveladores de

Reveladores basados en el empleo de hidroquinona y un álcali que producen resultados de muy alto contraste, sobre todo si se emplean con materiales lith, de medio tono, de documento o de línea. Se emplean sobre todo en procesos fotomecánicos y en diseño gráfico.

Alumbre de cromo (sulfato crómico potásico)

Compuesto que actúa como agente endurecedor en algunos fijadores.

Amarillo

Uno de los tres colores que intervienen en la síntesis sustractiva.

Está formado por la combinación de los colores primarios rojo y verde.

La sustracción a la luz blanca de azul deja rojo y verde, que dan amarillo.

Ampliación normalizada

Ampliación comercial de magnitud fija, por lo general 9x12 cm. a partir de un negativo de 35mm.

Ampliadora

Aparato que produce copias positivas de tamaño mayor que el negativo proyectando y enfocando este sobre un papel sensible. Hay dos tipos básicos: de condensador y de difusor (véase Callier, Efecto y Cátodo frío, Ampliadora de)

Analizador de color

Instrumento de laboratorio que mide el equilibrio de color de una imagen proyectada y determina la exposición y filtración correctas para obtener una ampliación en color. Es un aparato bastante caro pero que ahorra tiempo y papel.

Anamórfico, Objetivo

Objetivo que incorpora prismas o elementos cilíndricos para cubrir un campo mayor en vertical que en horizontal y viceversa y que produce una imagen estirada o comprimida que recupera su aspecto original si se proyecta o amplía a través de un objetivo similar. Se emplean mucho en cine para comprimir una panorámica muy amplia en un fotograma de formato normal y reproducirla nuevamente en la pantalla (Cinemascope). En fotografía se emplea sobre todo en la creación de efectos especiales o para proyectar diapositivas en pantallas muy grandes.

Anastigmático, Objetivo
Objetivo corregido de la aberración del astigmatismo.

Angstrom
Unidad de medida de las longitudes de onda de la luz. Un Angstrom, abreviado A, equivale a una diezmillonésima de milímetro.

Ángulo de lectura
Angulo cubierto por un exposímetro. Si es demasiado grande, la lectura puede ser falsa, sobre todo si se va a fotografiar a muy poca distancia. Los sistemas de medida utilizan dispositivos que limitan el ángulo de lectura para aumentar la efectividad y normalizar la sensibilidad.

Ángulo de toma
Angulo cubierto por un objetivo. En una cámara de 35 mm., el objetivo normal de 50 mm. cubre un ángulo de unos 45°, más o menos equivalente al de la visión normal humana (se entiende por normal el ángulo

sobre el que los ojos ven una imagen enfocada: el ángulo realmente cubierto por la visión humana es de 150° -170°, pero los objetos de la periferia aparecen indistintos.

Subjetivamente, el ángulo parece mayor que el de un objetivo normal, pero ello se debe a que los ojos se mueven continuamente y el cerebro procesa la información y recrea una panorámica general; mirar con la fijeza de un objetivo es completamente innatural).

Un objetivo de 18 mm. tiene un ángulo de toma de unos 73° y de alrededor de 20° un 135 mm.

Este ángulo puede expresarse más científicamente como el subtendido por la diagonal del plano focal o de la película en el punto nodal posterior del objetivo.

Así, cuanto mayor sea el formato del negativo, mayor será el ángulo de toma para cualquier longitud focal.

Por ejemplo: en una cámara de gran formato, un 50 mm. es en realidad un gran angular, y en una cámara que use película en rollo de formato 120 el objetivo normal tiene alrededor de 80mm.

De la misma forma, el objetivo normal de una cámara de formato 110 tiene una longitud focal de unos 24 mm.

Anhidro

Término que indica que una sustancia no tiene agua. En fotografía se emplea para diferenciar los compuestos pulverulentos de los mismos en forma hidratada.

Anillos de Newton

Bandas concéntricas estrechas que aparecen cuando dos superficies transparentes entran en contacto imperfecto. La imagen es una consecuencia del fenómeno de interferencia, que entra en acción cuando la separación entre las dos superficies es de magnitud comparable a la longitud de onda de la luz reflejada. Suele presentarse al colocar un negativo no perfectamente seco en un porta negativos con cristales; para evitar el fenómeno, es frecuente grabar finamente dichos cristales.

Animación

Serie de imágenes consecutivas -dibujadas o fotográficas- que, bajo ciertas condiciones, reproducen la sensación de movimiento. Las imágenes pueden obtenerse sobre una película y proyectarse, como en los dibujos animados, o pegarse en las páginas de un libro y observarse en rápida frecuencia.

Anticalórico, Filtro

Dispositivo que absorbe el calor de un haz luminoso sin afectar de forma apreciable a su intensidad.

Se emplean sobre todo en proyectores y en algunas ampliadoras.

Capa de pigmento aplicada a la parte posterior de los materiales negativos para absorber la luz que atraviesa la emulsión.

Sin dicha capa, la luz podría reflejarse hacia atrás y provocar halos en torno a las luces.

Antivelo

Compuestos que reducen el nivel de velo; pueden añadirse al revelador o formar ya parte de él.

Aproximación, Lentes de

Lentes positivas simples que se emplean como accesorios de acercamiento.

Se montan ante un objetivo normal y crean una imagen ligeramente aumentada.

Arco, Lámpara de

Fuente de iluminación formada por las partículas incandescentes que se crean cuando se hace saltar la corriente eléctrica entre dos electrodos ligeramente separados. En fotografía y proyección se emplean varios tipos de arco, cuyas características dependen de la naturaleza del material interpuesto entre los electrodos (por lo general un gas, como el hidrógeno). El más sencillo y usado es el de carbón, con electrodos de este material y aire entre los mismos.

ASA

Abreviatura de American Standards Association (Asociación Americana de Normalización) que designa uno de los sistemas más empleados de calibrado de la sensibilidad.

Asférica, Lente

Lente cuya superficie de curvatura no forma parte de una esfera y cuyo fin es eliminar la aberración esférica. Una sola lente asférica puede reemplazar a varios esféricos, lo que simplifica el diseño del objetivo.

Bajorrelieve

Técnica de laboratorio que consiste en la copia por contacto o ampliación de un positivo y un negativo, ambos en película, ligeramente fuera de registro para obtener una imagen parecida a un bajorrelieve iluminado lateralmente.

Bálsamo del Canadá

Resina fluida obtenida de una especie de abeto del Canadá que se emplea para unir los elementos ópticos de los objetivos.

Tiene un índice de refracción casi idéntico al del vidrio, por lo que resulta prácticamente invisible. Algunos fabricantes afirman que el bálsamo amarillea con el tiempo, aunque en realidad este proceso tarda al menos treinta años en iniciarse y su efecto sobre la fotografía en blanco y negro es despreciable.

Barita

Capa pulida y químicamente inerte de sulfato de bario en gelatina que sirve de base a la emulsión en casi todos los papeles fotográficos.

Barrido

Giro de la cámara para seguir a un motivo en movimiento. En general se emplea para obtener una imagen nítida del motivo contra un fondo difuso para crear ilusión de movimiento. Jacques-Henri Lartigue, conocido fotógrafo francés, fue uno de los primeros en emplear esta técnica, que practicaba con una cámara de placas sujeta a mano.

Barrido y basculamiento, Cabeza de trípode con Cabeza de trípode cuyos dispositivos de bloqueo independientes permiten el movimiento en dos planos perpendiculares.

El movimiento en el plano horizontal se llama barrido, y el que sigue el plano vertical, basculamiento o barrido vertical.

Basculamiento horizontal

Movimiento de algunas cámaras de gran formato que consiste en el giro del panel del objetivo (o de la película) en torno a su eje horizontal.

Permite controlar o alterar la forma, la perspectiva, el foco y la profundidad de campo.

Basculamiento vertical

Movimiento de algunas cámaras de gran formato que consiste en el giro del panel del objetivo (o de la película) en torno a su eje vertical. Permite controlar o alterar la forma, la perspectiva, el foco y la profundidad de campo.

Blanqueo

Proceso químico que transforma la plata metálica negra que forma la imagen fotográfica en un compuesto casi invisible, como un haluro de plata, que a continuación puede disolverse, reducirse o teñirse. Es un paso previo a los procesos de virado e intensificación y forma también parte de casi todos los procesos de color.

Blanqueo, Dibujo por

Técnica de obtención de un dibujo a línea a partir de una imagen fotográfica. Consiste en seguir los contornos de la fotografía con lápiz o tinta impermeable para a continuación blanquear la imagen de plata y dejar sólo el dibujo. Los mejores resultados se consiguen con copias un poco pálidas y de contornos nítidos.

Bloqueo

Enmascaramiento con pigmentos de ciertas partes de una fotografía, por lo general el fondo de negativos o copias.

Bloqueo del espejo

Mecanismo que en algunas buenas cámaras SLR de 35 mm. fija el espejo en posición levantada. Se utiliza en tres casos: primero para poder montar algunos objetivos gran angulares extremos cuya parte posterior, muy saliente, obstruiría el recorrido del espejo. Segundo, cuando es necesaria una extraordinaria precisión, para reducir la vibración que provoca su movimiento. Y tercer, cuando se emplea la cámara con un motor a una cadencia muy alta, para ahorrar los tiempos muertos durante los que el espejo sube y baja. Naturalmente, cuando el espejo está levantado no se ve nada por el visor normal, por lo que suele montarse uno accesorio en la zapata.

Bolsa opaca

Bolsa de material opaco y con mangas cerradas por gomas elásticas que sirve para manipular el material sensible fuera del laboratorio. La llevan incorporada algunos bolsos y maletas de los de guardar el equipo.

Borde, Efectos de

Fenómeno del revelado caracterizado por el aumento de contraste en las zonas limítrofes de densidades muy distintas. Se debe al rápido agotamiento del revelador en las áreas más expuestas, que provoca el desplazamiento de solución nueva del área adyacente; de esta forma, el borde de la zona muy expuesta recibe más revelador que el resto (el producto nuevo penetra sólo ligeramente) y el de la poco expuesta menos (porque parte a emigrado a la parte más expuesta). Para aprovechar al máximo la superior nitidez que crea este efecto hay que usar un revelador que se agote rápidamente y agitar poco.

Brillante, Papel

Papel de superficie muy pulida. Produce copias muy nítidas, con negros profundos, blancos luminosos y detalles bien visibles, por lo que se usa mucho en fotografía técnica y para reproducción. Tiene el inconveniente de reproducir las imperfecciones con muchas más claridad que los papeles mates o texturados, en los que la mayor dispersión de la luz (véase difusión) disimula los defectos.

Por la misma razón las superficies brillantes son las más difíciles de retocar.

Bromo grabado

Copia positiva de alto contraste que recuerda a un grabado o dibujo de línea; técnica empleada para producirla.

Esta consiste en sumergir una copia normal en papel bromuro en un baño ácido para quemar las luces y eliminar los tonos grises; a continuación, la copia se fija y lava.

Bromóleo

Técnica que consiste en la aplicación de pigmentos al óleo a una copia bromuro en blanco y negro blanqueada realizada sobre un papel especial. También puede despegarse la emulsión de gelatina del papel y transferirse mediante presión a otra base. Los bromóleos tienen una calidad especial, muy delicada, aunque la dificultad de encontrar los materiales adecuados casi los ha relegado al olvido.

Bromuro, Papel

El más empleado para hacer copias en blanco y negro. Tiene una emulsión de bromuro de plata que da un tono completamente neutro.

Burbujas

Si durante el procesado de los materiales fotográficos los compuestos no se agitan suficientemente, se forman burbujas en la superficie de contacto con la emulsión, que se convierten en manchas circulares. Los agentes humectadores, que reducen la tensión superficial, limitan la formación de burbujas, que pueden desalojarse pasando suavemente el dedo por la película durante el revelado.

Cable de disparo

Cable delgado que corre por el interior de un tubo flexible de goma o metal y que sirve para disparar la cámara sin tocarla y evitar así la vibración. Se emplea cuando la cámara está montada en un trípode para hacer una exposición larga o cuando se utiliza un teleobjetivo largo y pesado. El cable se acopla a rosca por uno de sus extremos a un botón de la cámara (normalmente el mismo del disparador) y se acciona por el otro. Algunos llevan un dispositivo de bloqueo que permite mantener el obturador abierto por tiempo indefinido. Ciertos accesorios, como algunos fuelles de extensión, obligan a usar un cable de disparo doble. Para trabajar a más distancia se utiliza un cable neumático operado por una perilla; es más resistente al desgaste, pero menos al envejecimiento.

Caducidad, Fecha de

Fecha impresa en los envases de material sensible que señala el límite de vida útil de la emulsión. Oscila entre dieciocho meses tras el momento de fabricación para los materiales en color hasta más de tres años para las películas en blanco y negro. En la práctica las películas pueden durar mucho más de lo indicado por la fecha de caducidad, sobre todo si se conservan en un refrigerador, aunque en general conviene atenerse a las indicaciones del fabricante. Conforme pasa el tiempo, el nivel de velo aumenta, la sensibilidad disminuye y el equilibrio de color se altera.

Caja de luz

Parte de una ampliadora o proyector que aloja la bombilla o fuente luminosa. Como ésta genera una cantidad considerable de calor, la caja de luz suele estar ventilada y, en el caso del proyector, refrigerada por un ventilador eléctrico. A veces la misma caja aloja un filtro anticalórico, un condensador, un reflector y el portanegativos.

Callier, Efecto

Dispersión de la luz en una ampliadora de condensador que determina un aumento de contraste con respecto a la imagen formada por otra de difusor. Cuando los rayos luminosos procedentes del condensador atraviesan el negativo son selectivamente absorbidos o dispersados por las zonas densas (luces) y pasan sin sufrir alteración ninguna por las transparentes (sombras). El resultado en la copia son unas luces brillantes y unas sombras densas. En una ampliadora de difusor, la luz llega al negativo ya dispersada por aquel y no vuelve a dispersarse. Este efecto debe su nombre al físico belga André Callier, que lo descubrió en 1909.

Cámara de burbujas

Técnica fotográfica empleada en física nuclear para registrar las características y el comportamiento de las películas ionizantes (protones y electrones). La cámara contiene hidrógeno supercalentado a través del que pasan partículas de alta energía a velocidades próximas a la de la luz; estas partículas provocan la ebullición del hidrógeno y dejan a su paso un rastro de burbujas que se fotografían con un flash electrónico sincronizado y conectado a dos o tres cámaras que disparan en secuencia.

Por lo general se emplea una película de grano fino de unos 100 ASA, que se somete a un revelado de alto contraste.

Campo

Parte de una escena o motivo cubierta por un objetivo.

Puede expresarse como el ángulo que subtiende en el objetivo el diámetro del círculo máximo de nitidez aceptable.

Véase también Poder de Cobertura.

Campo, Cámara de

Nombre que a veces se da a las cámaras de gran formato lo suficientemente portátiles como para ser usadas fuera del estudio.

Campo oscuro

Iluminación por reflexión que se usa a veces en fotomicrografía y que presenta a la muestra contra un fondo negro. Véase también Iluminación por transparencia.

Candela

Unidad de medida de la intensidad de una fuente luminosa. Una candela se define como 1/60 de la intensidad luminosa de 1 cm. cuadrado de un cuerpo negro a la temperatura de fusión del platino (1.769 ºC).

Candela-metro

Unidad de medida de iluminación por metro cuadrado de una superficie situada a un metro de una fuente luminosa puntual de una candela.

Capuchón de enfoque

Capuchón plegable que lleva las cámaras réflex para facilitar el enfoque a nivel de cintura. Rodea la pantalla de enfoque y la protege de la luz exterior para asegurar la luminosidad de su imagen. Suele incorporar también una lupa plegable que aumenta la parte central de la pantalla.

Cargador de chasis

Instrumento que sirve para cargar la película de 35 mm. en chasis vacíos o en los respaldos especiales para 250 ó 750 exposiciones de que disponen algunas cámaras en sustitución del normal. El cargador acepta hasta unos 30 m. de película e incorpora un contador de posiciones.

Cátodo frío, Ampliadora de

Ampliadora sin condensador que emplea como fuente luminosa un tubo fluorescente de baja temperatura. Emite iluminación suave y difusa y da menos contraste que la ampliadora de condensador (véase Callier, efecto). La uniformidad de la iluminación la hace muy adecuada para el trabajo de formato grande.

Cian

Azul-verde, uno de los tres primarios complementarios usados en la síntesis sustractiva.

Círculo de confusión

Disco luminoso producido en la imagen por el objetivo a partir de un punto del motivo situado fuera de foco. En realidad, ningún objetivo es capaz de resolver un punto como otro punto, pero a la distancia normal de observación el ojo humano acepta un círculo como punto si su diámetro es inferior a aproximadamente 0,25 mm. de forma que las partes de la imagen formadas por círculos inferiores a este tamaño aparecerán nítidas.

Cloro bromuro, Papel

Papel de positivar con una emulsión de bromuro y cloruro de plata que produce, cuando se revela de forma normal, tonos cálidos.

Collage

Imagen fotográfica formada a partir de otras varias recortadas y montadas sobre un soporte común. El collage, a veces llamado también montaje, se emplea para componer las panorámicas y mosaicos que se obtienen en fotografía aérea y es un método creativo utilizadísimo en la realización de efectos especiales.

En este caso suelen retocarse las uniones y reproducirse fotográficamente el conjunto para disimular la técnica empleada.

Complementarios, Colores

Cualesquiera que, mezclados de dos en dos, producen un tono acromático, como el blanco, el gris o el negro. Los pares complementarios usados en la mayor parte de los procesos y materiales de color son rojo-cian, verde-magenta y azul-amarillo.

Condensador

Elemento óptico, por lo general de construcción sencilla, que se emplea en ampliadoras y proyectores para concentrar la luz de la fuente luminosa y enfocarla uniformemente sobre el negativo o diapositiva.

Contraluz

Luz, natural o artificial, situada por detrás del motivo. El contraste elevado que casi siempre le es característico dificulta el cálculo de la exposición. Como la lectura medida de toda la escena suele provocar sobre o subexposición, es aconsejable tomar una lectura independiente de la parte del motivo que se quiera reproducir de forma normal. El contraluz, aunque crea problemas, tiene gran valor creativo y permite crear siluetas y halos en torno al cabello, por ejemplo.

Contraste variable, Papel de

Papel de positivado que permite copiar negativos de valores de contraste muy distintos mediante una serie de filtros. Lleva dos emulsiones, una sensible a la luz azul y la otra a la verde. La exposición de la sensible al azul produce una imagen de alto contraste, mientras que la de la sensible al verde la produce de bajo contraste. Para absorber la luz azul y transmitir la verde se emplean filtros amarillo, y magentas para transmitir la azul y bloquear la verde. La exposición puede hacerse con un cabezal de color normal, aunque el control es mayor si se emplean los filtros creados específicamente para el papel. En el caso del Multigrade, de Ilford, estos filtros se organizan en un juego de siete densidades, dos de azul y cinco de magenta; como además se puede emplear el papel sin filtros, los grados de contrastes obtenibles son ocho. Este tipo de papel es muy interesante para fotógrafos con poca producción de copias, que evitarían con él el inevitable envejecimiento de los tipos convencionales menos usados. Resulta también útil para positivar negativos muy difíciles, ya que el empleo local de los filtros, que exige bastante habilidad, permite hacer copias duras por unos sitios y suaves por otros.

Control local de la copia

Al positivar, dar más o menos exposición o contraste a unas partes de la copia que a otras. También se llama tapar o hacer tapados. Para reducir la exposición en una parte de la copia, se tapa esa parte con la mano o con una plantilla especial, que se mantienen en constante movimiento para no dejar bordes nítidos, durante el tiempo normal de exposición. Para aumentar la exposición localmente, se hace primero la exposición normal para toda la copia y a continuación se tapa ésta con una plantilla en la que se ha practicado un orificio en la parte que debe recibir más exposición; con la plantilla en su posición correcta y en continuo movimiento, se vuelve a encender la ampliadora durante el tiempo necesario para la parte a sobreexponer. Para modificar el contraste localmente se sigue idéntico procedimiento, pero se usa papel de contraste variable y las plantillas de cartón se reemplazan por filtros amarillos o magentas recortados de la forma adecuada.

Copulantes de color

Compuestos incorporados a las emulsiones de color o a los reveladores que se acoplan a los haluros de plata expuestos para liberar los pigmentos que forman la imagen en color. Los usados actualmente en las películas tricapa para generar pigmentos sustractivos suelen ser fenoles para generar cian, pirazolonas para generar magenta y acetoacetanilidas para generar amarillo. Los copulantes son estructuras complejas que forman largas cadenas moleculares que impiden su desplazamiento dentro de la emulsión triple.

Correctores de color, Filtros

Filtros de densidad relativamente bajas que se emplean para corregir diferencias ligeras entre la temperatura de color de la fuente luminosa y la de equilibrado de la película. El nombre se aplica a veces impropiamente a los filtros de colores amarillo, magenta y cian que se emplean para positivar los negativos en color.

Cremallera

Mecanismo de enfoque de casi todas las cámaras de gran formato.

El mando de enfoque gira solidario a un piñón que engrana en una cremallera montada en la base de la cámara.

De esta forma, al accionar el mando, el piñón arrastra sobre la cremallera al panel del objetivo.

Cristal deslustrado

Vidrio en una de cuyas caras se ha creado una textura granular sobre la que se forma la imagen.

Se emplea sobre todo en la fabricación de pantallas de enfoque.

Cromógeno, Revelado

Aquel en que se generan simultáneamente una imagen en color y otra de haluros de plata por medio de compuestos copulantes de color presentes en la emulsión o en ele revelador.

Cuarto de placa

Expresión que describe un negativo o una copia de 3 1/4 x 4 1/4 de pulgada (aproximadamente 8 x 10 cm.).

Cuerpo negro

Fuente de energía radiante teóricamente perfecta que se usa como patrón de color y la composición espectral de la luz. Las unidades luminosas, que están en relación con la energía radiante de una fuente de luz, se medían originalmente en base a la intensidad luminosa de una vela (candela) construida de acuerdo con ciertas especificaciones normalizadas. Este método fue sustituido por el uso de una esfera metálica hueca que en teoría no refleja nada de luz y que, cuando se calienta al rojo primero y luego al blanco (punto de fusión del platino) emite luz sólo en forma de energía radiante y constituye, por tanto, una fuente perfecta y normalizada de luminancia mesurable.

Cuña óptica

Dispositivo usado en sensitometría consistente en una tira de material que pasa gradualmente de la transparencia de un extremo a la opacidad de otro, bien en pasos regulares, bien de forma continua.

Curva característica

Gráfico que recoge la densidad de la imagen producida por una emulsión fotográfica frente al logaritmo de la exposición. La película en blanco y negro tiene una sola curva, mientras que la de color tiene tres, una por cada emulsión. La curva informa sobre la sensibilidad de la película, el nivel de velo, el contraste y la reproducción de los diversos valores tonales. Una pendiente grande en la curva denota contraste elevado.

Chasis

Parte de la cámara en que se aloja la película y que puede cambiarse rápidamente durante la toma. En 35 mm. suele llamarse chasis al envase cilíndrico opaco a la luz que sirve para cargar la película en la cámara y que debe rebobinarse antes de su extracción; en este formato, por tanto, no hay ningún procedimiento cómodo de cambiar la película a medias. Las cámaras para película 120 sí suelen llevar chasis fácilmente desmontables y que permiten cambiar rápidamente de tipo de película o pasar de formato horizontal a vertical o viceversa cuando el mismo es rectangular. Las cámaras de gran formato disponen de chasis planos que se deslizan en el panel posterior justo antes de hacer la exposición; por lo general aceptan dos hojas de película: se expone una, se da la vuelta al chasis y se expone la otra.

Definición

Nitidez y claridad de detalle generales de una fotografía. La definición depende de varios factores: enfoque exacto, calidad y poder de resolución del objetivo y sensibilidad de la emulsión.

Degradación de la imagen

Deterioro de la definición de la imagen o de su luminosidad o de ambas cosas a la vez hacia los bordes de esta. Véase también aberración, ley del coseno y poder de cobertura.

Densidad

Poder de absorción de luz de una imagen fotográfica. Varía proporcionalmente a la magnitud del depósito de plata metálica en la emulsión tras la exposición y el revelado. En términos generales es la opacidad o negrura de un negativo o una copia. Se mide con un instrumento llamado densitómetro y se emplea para valorarla una escala logarítmica en la que 1,0 representa una absorción del 100 por 100 y 0,3 del 50 por 100. La disposición en forma de gráfico de los valores densimétricos frente al logaritmo de las exposiciones se llama curva característica.

Descentrable, Objetivo

Objetivo para cámaras de 35 mm. o de formato mediano que puede desplazarse respecto a su eje y reproducir algunos de los movimientos de las cámaras de gran formato. Llamados también de control de la perspectiva, estos objetivos se desplazan horizontal y verticalmente (según el diseño, ambos movimientos pueden ser o no mutuamente compatibles) y se emplean sobre todo en fotografía arquitectónica para corregir, entre otras cosas, la convergencia de verticales; para ello, el objetivo se descentra hacia arriba hasta que cubra la parte superior del edificio sin necesidad de inclinar la cámara. Canon fabrica un objetivo descentrable que permite además cierto grado de basculamiento o apartamiento del plano paralelo al de la película. En el formato 35 mm., estos objetivos tienen focales de 28 ó 35 mm. y aberturas máximas de f2,8 ó f4. Aunque comparten algunas características mecánicas y ópticas (el diafragma, por ejemplo, es exclusivamente manual, lo que impide la medición a plena abertura), los objetivos descentrables comercializados por los distintos fabricantes son sorprendentemente diversos en aspecto y construcción para ser instrumentos diseñados para cumplir idéntica tarea.

Así, el 28 mm. f3,5 de Pentax, que lleva filtros incorporados, tiene 12 elementos en 11 grupos y es casi el doble de largo y tres veces más pesado que el Schneider PA Curtagon 35 mm. f4, que tiene 7 elementos en 3 grupos.

Descentramiento horizontal

Movimiento transversal horizontal del panel del objetivo de algunas cámaras de gran formato.

Descentramiento vertical

Movimiento transversal vertical del panel del objetivo de algunas cámaras de gran formato.

Desensibilizador

Pigmento químico que reduce la sensibilidad de una emulsión a la luz y permite el revelado por inspección directa bajo una iluminación de seguridad más intensa de lo normal. Así, para inspeccionar la marcha del revelado de una película pancromática rápida puede usarse una luz de seguridad verde intensa. Los desensibilizadores no afectan a la imagen latente, aunque algunos sí pueden afectar a la actividad del revelador. Los compuestos más empleados son los pinacriptoles, en los que la película se trata antes de pasar el revelador.

Destrucción de tintes

Método de formación de imágenes en color por eliminación selectiva de pigmentos por medios químicos. En el proceso se emplea un material tricapa que contiene ya formados los pigmentos finales antes de la exposición. Después de ésta se emplea un agente blanqueador para destruirlos de forma proporcional al revelado de la imagen de haluros de plata. El procedimiento permite obtener directamente positivos a partir de diapositivas sin necesidad de inversión.

Diafragma

Parte de la cámara que determina el tamaño de la abertura. En su forma más elemental, usada en las cámaras más antiguas, no era más que una placa perforada. Los primitivos diafragmas ajustables consistían en una pletina metálica con varios orificios de tamaños diferentes que se deslizaba o giraba ante el objetivo.

Actualmente casi todos los diafragmas ajustables adoptan el diseño llamado iris, que consiste en un juego de laminillas metálicas imbricadas que determinan entre sí una abertura de forma aproximadamente circular y diámetro continuamente variable que se controla por medio de un anillo dispuesto en el cuerpo del objetivo.

El diafragma puede ir montado por delante o por detrás de aquel, aunque en los diseños compuestos va casi siempre en el centro del sistema óptico.

El llamado diafragma-obturador es un mecanismo similar en el que las laminillas pueden cerrar por completo la abertura y combinan así en un solo dispositivo las funciones del diafragma y el obturador; esta disposición impide, naturalmente la lectura y encuadre a través del objetivo.

Diafragmar

Reducir la abertura del dispositivo.

Diapositiva

Imagen fotográfica positiva sobre soporte transparente y que se observa por transmisión en lugar de por reflexión.

Dicroico, Velo

Fallo cometido durante el procesado que se manifiesta en forma de manchas rojizas y verdosas (de ahí su nombre: dicroico significa bicolor) en el negativo. Se debe al empleo de un fijador contaminado o agotado cuya acidez es insuficiente para interrumpir por completo la actividad del revelador. Como consecuencia se forma un fino depósito de plata que aparece rojizo a la luz transmitida y verdosa a la relejada. La mancha es difícil de eliminar, aunque en los casos menos graves puede tratarse con reductor de Farmer.

Difracción

Fenómeno que ocurre cuando la luz pasa cerca del borde de un cuerpo opaco o atraviesa una abertura estrecha. En estas circunstancias la luz es ligeramente desviada y se forman modelos de interferencia que el ojo percibe a veces como cierta indefinición. En fotografía se notan sus efectos en ciertos casos, como cuando se emplean aberturas de diafragma muy reducidas.

Difusión

Dispersión de la luz tras su reflexión sobre una superficie irregular (reflexión difusa) o su transmisión a través de un medio traslúcido y no transparente. Para dispersar la luz no es necesario que la superficie reflectora tenga irregularidades aparentes, porque basta con que las tenga muy pequeñas, cómo sería el caso de una capa de pintura perfectamente lisa en apariencia, para que actúe como difusora. Pero el término difusor suele reservarse a un medio a cuyo través la luz se transmite (como el humo o el papel de calco) con preferencia a aquellos otros que la reflejan. La difusión suaviza la luz, elimina los reflejos fuertes y las sombras densas y, en suma, suele resultar de la mayor utilidad para el fotógrafo. Las superficies y medios coloreados absorben parte de la luz además de difundirla.

DIN

Abreviatura de Deutsche Industrie Norm (Normativa Industrial Alemana), que designa a un sistema muy empleado de evaluación de la sensibilidad.

Dioptría

Unidad de medida de la potencia de una lente y que se define como la recíproca de la longitud focal expresada en metros. Se usa en fotografía en los casos de las lentes de aproximación.

Dispersión

Descomposición de la luz blanca en sus componentes espectrales cuando atraviesa un medio de refracción, como el cristal. El grado de dispersión depende del ángulo de incidencia y del índice de refracción del medio.

Distorsión

Alteración de la forma o las proporciones normales en una imagen fotográfica. Puede provocarse de muchas formas, como situando el objetivo muy cerca del motivo o inclinando el tablero de la ampliadora durante la exposición del negativo. Los objetivos anamórficos generan uno de los tipos de distorsión más espectaculares. Las distorsiones no deliberadas se deben en la mayor parte de los casos a las aberraciones del objetivo.

Divisor de haz

Prisma o sistema de prisma y espejo que divide un haz de luz en dos o más haces independientes. En los proyectores estereoscópicos, un prisma de 90° divide el haz en dos que son a su vez desviados hacia la pantalla, en las que aparecen a registro, por otros dos prismas. Un accesorio óptico de disposición similar permite registrar con una cámara normal imágenes estereoscópicas. Se usan divisores de haz en cine y TV y en holografía, para partir el rayo láser.

Doble exposición

Registro de dos imágenes -idénticas y fuera de registro o totalmente distintas- sobre una misma película; es un truco de los más frecuentes en fotografía.

La mayor parte de las cámaras actuales disponen de un mecanismo que evita la duplicación accidental de exposiciones. En las cámaras que no lo tienen este accidente puede ocurrir si el fotógrafo olvida pasar la película tras cada exposición.

Doble extensión

Característica de cámaras técnicas o similares que permite colocar el objetivo a una distancia de la película igual al doble de su longitud focal; en estas condiciones, la imagen proyectada es del mismo tamaño que el motivo original.

Dolly

Es término sobre todo cinematográfico: carretilla con ruedas que permite el desplazamiento de las cámaras y luces de gran tamaño y peso.

Dosímetro

Dispositivo que en los motores de arrastre que lo incorporan permite tomar en una secuencia única un número predeterminado de exposiciones. Suele usarse en combinación con un intervalómetro.

Dye transfer

Proceso de obtención de copias en color ahora muy poco utilizado que consiste en la realización de tres negativos independientes para cada uno de los tres colores primarios y su posterior copia a registro en otros tantos pigmentos.

Eberhard, Efecto

Fenómeno que ocurre a veces durante el revelado y que consiste en la formación de zonas muy pequeñas de densidad superior a la de otras mayores que han recibido el mismo grado de exposición.

Debe su nombre al físico alemán Gustav Eberhard, que lo describió en 1962.

Su origen, igual que el de los efectos de borde, está en el agotamiento y desplazamiento de la solución reveladora; en efecto, cuando una zona de densidad es muy pequeña (de menos de alrededor de 1 mm de diámetro) se comporta toda ella como un borde.

Efectivo, Valor f de abertura

Valor f que se emplea en lugar del normal en fotografía de acercamiento para compensar con un aumento de exposición la reducción de luminosidad consecuente a la mayor distancia objetivo-imagen. Se calcula dividiendo esta distancia por la abertura efectiva (véase abertura). Con frecuencia se confunde el valor f de abertura efectivo con la abertura efectiva.

Eje óptico

Línea imaginaria que recorre los centros de un sistema óptico (de un objetivo compuesto, por ejemplo) y forma ángulo recto con el plano de la imagen.

La luz que lo recorre no se refracta y está, pues, libre de distorsiones.

Electrofotomicrografía

Fotografía con el microscopio electrónico, instrumento mucho más potente que el óptico convencional.

En el microscopio electrónico, un filamento de tungsteno emite un haz de electrones de alta velocidad que es enfocado sobre la muestra y dirigido hacia una pantalla fluorescente por una serie de elementos electromagnéticos, más o menos como si se tratase de un haz luminoso.

La imagen producida por los electrones puede registrarse directamente en una película que se monta tras la pantalla.

Electrónico, Flash

Fuente de luz artificial de muy corta duración y gran intensidad generada por una descarga eléctrica entre dos electrodos situados dentro de un tubo lleno de gas. La descarga eléctrica se produce cuando el mecanismo de sincronización del obturador de la cámara cierra un circuito eléctrico. El flash se alimenta con pilas secas, batería recargable o conectado a la red.

Eliminador de hipo

Solución que elimina las trazas de hipo de los negativos o las copias y reduce el tiempo de lavado. Se usa sobre todo en el procesado rápido.

Emborronamiento

Indefinición de la imagen debida al movimiento del motivo o de la cámara, a un fallo de enfoque o a alguna aberración del objetivo. Aunque suele producirse inintencionalmente y ser indeseable, puede utilizarse creativamente, en particular para dar sensación de movimiento. En este caso se procede de alguna de estas dos formas: se utiliza una velocidad de obturación baja, que no pueda fijar el movimiento del motivo que, por tanto, aparecerá borroso; o se sigue con la cámara al motivo, que aparecerá en tal caso nítido contra un fondo borroso. Según la velocidad de obturación y, por tanto, el grado de emborronamiento, los resultados oscilan entre una viva sensación de movimiento y la más pura abstracción. Las exposiciones prolongadas del agua en movimiento dan lugar a efectos particularmente atractivos. También aparecen borrosas las zonas de la fotografía situadas fuera del alcance de la profundidad de campo; el hecho puede aprovecharse haciendo uso del enfoque selectivo.

Emparedado

Proyección o copia de dos o más diapositivas o negativos simultáneamente. Esta técnica permite obtener imágenes de complejidad considerable y gran impacto visual; se emplea mucho en ilustración de revistas y en publicidad.

Emulsión

Capa sensible a la luz de las películas y papeles fotográficos. Está formada por una suspensión en gelatina de granos ultrafinos de haluros de plata. En los materiales en color contiene, además de los haluros, moléculas de pigmentos o copulantes de color. En los primeros tiempos de la fotografía las emulsiones fueron de muy variada naturaleza y algunas producirán efectos notables. El papel al platino, por ejemplo, producía negros aterciopelados extraordinariamente profundos a los que el fotógrafo británico Frederick Evans era tan aficionado que dejó la fotografía cuando, durante la Primera Guerra Mundial, el papel dejó de fabricarse. Actualmente hay todavía fotógrafos, como Irving Penn, que preparan sus propias emulsiones para positivar, a veces incluso con oro o con platino. Además, se observa un creciente interés por los antiguos procesos de positivado con papeles especiales.

Endoscópica, Fotografía

Técnica de fotografiar zonas pequeñas e inaccesibles a una cámara normal con ayuda de un endoscopio. Este instrumento consiste en un largo tubo con fibras ópticas y una fuente luminosa que transfiere a un extremo la imagen que recoge por el otro y al que puede acoplarse una cámara mediante el oportuno adaptador. Se desarrolló para la medicina, que sigue siendo su campo de aplicación más importante (permite fotografiar el interior del cuerpo humano), aunque cada vez se emplea más en la industria (para fotografiar detalles de máquinas, por ejemplo) y en campos más especializados, como la fotografía de maquetas a escala. Véase también Fibra óptica.

Endurecedor

Compuesto que aumenta la resistencia de la emulsión de gelatina a los agentes físicos, como los roces y las altas temperaturas propias del procesado y secado. Se incorpora al fijador o se aplica al final del proceso.

Endurecimiento

Serie de técnicas que tienen como fin aumentar la resistencia a la abrasión de la emulsión de gelatina. Se usan mucho los endurecedores de alumbre de cromo o de potasio incorporados al fijador, aunque la solución de ácido tánico y formalina produce un acabado más duradero y resistente.

Enfoque

Ajuste de la distancia entre el objetivo y la película para obtener una imagen nítida del motivo. Salvo en las cámaras muy elementales (provistas de un objetivo fijo con una abertura de diafragma suficientemente pequeña como para que todo lo situado más allá de uno o dos metros de distancia quede a foco), siempre hay algún mecanismo que permite este cambio de distancia entre objetivo y película. En las de gran formato suele consistir en el desplazamiento del panel del objetivo respecto al de la película, al que va conectado por medio de un fuelle (el panel posterior con la película suele permanecer fijo, ya que determina el aumento o tamaño de la imagen); en las cámaras más pequeñas el enfoque suele hacerse con un mecanismo de rosca. En las cámaras de gran formato y en las réflex el fotógrafo ve en todo momento en una pantalla de enfoque una imagen exactamente igual a la que recogerá la película, por lo que el enfoque se examina visualmente y de forma directa. En las cámaras no réflex, en la que la imagen no se ve a través del objetivo, el enfoque se hace por estimación a la distancia (las cámaras más sencillas llevan a veces una escala de símbolos, como una cabeza para distancias cortas y unas montañas para las más largas, con unas pocas posiciones fijas) o con un telémetro. El funcionamiento de éste se basa en la comparación entre las imágenes producidas por un par de espejos (o de prismas) que modifican sus posiciones respectivas al enfocar el objetivo; cuando las dos imágenes coinciden (según el diseño, cuando quedan perfectamente superpuestas o cuando sus dos mitades se reúnen), el enfoque es perfecto. La pantalla de enfoque de muchas cámaras SLR incorpora además un telémetro de imagen partida, y a veces un anillo de microprismas que presenta una imagen descompuesta cuando no está enfocada y perfectamente transparente cuando lo está.

Enfoque automático

Mecanismo que en algunas cámaras enfoca el objetivo automáticamente. El más empleado funciona sobre el mismo principio que el telémetro: por comparación de las perspectivas de la misma escena que dan dos espejos montados en el interior de la cámara; uno es fijo y el otro se mueve y, por tanto, presenta una visión cambiante del motivo. Las imágenes de los dos pasan a un comparador electrónico, que cuando determina que el contraste entre luces y sombras es idéntico en las dos, detiene el movimiento del objetivo. Todo ocurre con una rapidez casi instantánea. Hay otro sistema que se basa en la detección del eco: al pulsar el disparador la cámara emite un haz de ultrasonidos hacia el motivo, que los refleja de nuevo hacia aquella; en ésta, el reflector calcula la distancia a partir del tiempo que ha empleado el haz de ultrasonidos en ir y volver y opera a su vez un motor que enfoca el objetivo. Hay una variante de este sistema que utiliza un haz de radiación infrarroja, invisible al ojo humano. El enfoque automático tiene un interés obvio en reportaje y en fotografía "por sorpresa", aunque impide el enfoque selectivo y comete errores con cierta frecuencia. El sistema de imágenes coincidente no funciona por luz débil por insuficiencia de contraste, y es fácilmente confundido por motivos ornamentales repetitivos (franjas, etc.).

Los basados en la emisión de ultrasonidos o infrarrojos funcionan con poca luz (y en completa oscuridad), pero no a través de los cristales, que reflejan el haz de luz emitido. El enfoque automático es ya muy frecuente en cámaras de óptica fija, pero su aplicación a las SLR está aún dando los primeros pasos. También disponen de mecanismos de enfoque automático algunas cámaras tomavistas y proyectores de diapositivas.

Enfoque diferencial

Aprovechamiento de una profundidad de campo limitada para hacer que una parte de la imagen fotográfica aparezca nítida y las otras difusas. Es un procedimiento muy interesante para destacar al centro de atención del resto que además crea sensación de profundidad y sugiere el ambiente de la escena. También se le llama enfoque selectivo.

Enfoque por zonas

Técnica de preselección de la abertura y el enfoque de forma que la profundidad de campo cubra toda la zona en la que se supone aparecerá el motivo. Es muy útil en deportes y fotografía de acción y en cualquier caso en que no dé tiempo a enfocar con precisión en el momento de disparar. El término describe también un sistema de enfoque característico de las cámaras más elementales y que está limitado a unas pocas posiciones marcadas por símbolos, como una cabeza para la mínima distancia y unas montañas para la máxima.

Enmascaramiento

Conjunto de técnicas encaminada a impedir que la luz alcance determinadas zonas de la imagen. Así, algunas ampliadoras llevan en el portanegativos unas tiras metálicas móviles que enmascaran las partes del negativo que no quieran reproducirse en la copia. El emparedado da lugar a formas más complejas de enmascaramiento.

Esmaltado

Acabado que se da a los papeles brillantes secándolos en contacto con una superficie cromada muy pulida y por lo general caliente.

Espectro

Conjunto de todas las radiaciones electromagnéticas; en el contexto de la fotografía se llama así al espectro visible, región del espectro electromagnético detectada por el ojo humano como luz. La radiación electromagnética es energía pura producida en diferentes longitudes de onda; las ondas de radio, que ocupan un extremo del espectro, tienen longitudes relativamente grandes, mientras que los rayos gamma, que ocupan el otro, tienen longitudes muy pequeñas y son muy penetrantes y peligrosos. Cada región del espectro puede ser detectada por instrumentos apropiados, como un receptor de radio o un contador Geiger, y tiene aplicaciones industriales y científicas propias. La banda visible al ojo humano es muy estrecha (ciertas especies de serpientes perciben la radiación infrarroja, y algunos insectos, en particular las abejas, ven la radiación ultravioleta). Puede resolverse en sus colores constituyentes por medio de un prisma, que descompone la luz blanca en bandas de color rojo, naranja, amarillo, verde, azul, índigo y violeta. Hay materiales fotográficos especiales sensibles a algunas otras radiaciones, sobre todo la infrarroja, la ultravioleta y los rayos X y gamma.

Estabilización
Proceso químico que convierte en estable los haluros de plata no usados de una copia. Se emplea en lugar del fijado y el lavado cuando la rapidez es más importante que la permanencia.

Estereoscópica, Fotografía
Producción de imágenes fotográficas capaces de dar una impresión de profundidad parecida a la que

percibe la visión normal (binocular). La primera forma práctica de estereoscopía fue inventada en la década de 1830 por el científico inglés Sir Charles Wheatstone y estuvo muy de moda durante el siglo XIX. Se basa en la obtención de dos imágenes desde otros tantos puntos de vista ligeramente diferentes y con un par de objetivos idénticos. Cuando la pareja de diapositivas obtenida se observa con un visor adecuado que presente la imagen izquierda al ojo izquierdo y la derecha al derecho, se reproduce el efecto de la visión binocular. Un divisor de haz permite también la proyección estereoscópica. La fotografía estereoscópica nunca ha llegado a desaparecer por completo, aunque ha perdido muchos adeptos desde sus días de gloria en la época victoriana. De todas formas, acaba de lanzarse al mercado un nuevo sistema con la importante novedad de ofrecer la visión en tres dimensiones directamente sobre una sola copia y sin necesidad de visor ni ningún otro instrumento. La cámara tiene cuatro objetivos, cada uno de los cuales produce un negativo que se procesa de la forma normal. La innovación está en el positivado: las imágenes se integran con toda exactitud en un nuevo material plástico cuya superficie está en realidad constituida por miles de microlentes; la vista recompone las imágenes observadas a través de dichas lentes y percibe una sola escena en tres dimensiones.

Estrioscópica, Fotografía

Rama de la fotografía científica que emplea un sistema óptico sensible y capaz de registrar las pequeñas diferencias locales del índice de refracción de medios transparentes. Como el aire caliente tiene un índice de refracción diferente al del aire frío, la estrioscopía detecta movimientos del aire invisibles al ojo y permite estudiar, por ejemplo, el flujo de aire en túneles de viento o la transferencia de energía calórica a la atmósfera por los organismos vivos. Empezó a utilizarse en Alemania en la década de 1860, y, como muchas otras ramas de la fotografía científica, crea a veces imágenes muy atractivas y no exentas de belleza.

Estroboscópica, Luz

Fuente luminosa que emite una serie de destellos muy breves en rápida sucesión y se usa para producir exposiciones múltiples de las fases de un movimiento.

Los flashes estroboscópicos, capaces de emitir miles de destellos por segundo, se usan sobre todo en fotografía científica, aunque se han aplicado a otros campos y han permitido obtener magníficas fotografías en el área del deporte.

Estudio, Cámara de véase Gran formato, cámara de Exposición

Cantidad total de luz que llega al material sensible durante la formación de la imagen latente. Depende de la luminosidad del motivo y de la cantidad de luz que se deje llegar al material sensible, factor que se controla mediante el tamaño de la abertura y la velocidad de obturación.

Exposición automática

Sistema que establece automáticamente la exposición correcta conectando el exposímetro al obturador, al diafragma o a ambos mecanismos. Tiene tres modalidades principales: manual, prioridad a la abertura, la más usual: el fotógrafo selecciona la abertura y el automatismo la velocidad de obturación; prioridad a la velocidad: el fotógrafo elige la velocidad y el automatismo la abertura; programada: la cámara determina la velocidad y la abertura. Ahora hay varias cámaras llamadas multimodales en las que se puede elegir entre las prioridades mencionadas y, en algunas, también la forma programada. Cuando es importante controlar la profundidad de campo conviene la prioridad a la abertura; la prioridad a la velocidad encuentra su sentido en la fotografía deportiva y de acción, y la modalidad programada es útil siempre que haya que fotografiar con rapidez.

Exposiciones de seguridad

Las ligeramente diferentes que se toman de un mismo motivo para asegurar resultados correctos. La técnica se usa sobre todo al realizar efectos especiales o cuando las condiciones de iluminación son difíciles (contraluces, escenas con nieve, puestas de sol) y la latitud de la película es reducida (diapositivas en color).

Exposímetro

Instrumento que mide la intensidad luminosa y determina los valores de abertura y velocidad de obturación para obtener una exposición correcta. Puede ir incorporado a la cámara o ser independiente de ella. Los independientes pueden medir la luz que llega al motivo (lectura de luz incidente) además de la reflejada por él (lectura de luz reflejada); los incorporados sólo pueden medir la reflejada. Ambos tipos pueden diseñarse para medir zonas limitadas del motivo (lectura puntual) o una escena completa (lectura general). Los instrumentos incorporados a la cámara suelen dar preferencia a alguna parte determinada del motivo, por lo general al centro de este. En cuanto al funcionamiento, todos utilizan la corriente eléctrica que se produce o modifica cuando la luz actúa sobre una célula sensible para desplazar una aguja o iluminar un diodo luminoso (LED). Los diodos están sustituyendo poco a poco a las agujas, porque son más fáciles de leer con luz débil y más fiable, ya que carecen de inercia mecánica. Se utilizan cuatro tipos básicos de células sensibles: 1) de selenio (Se): no necesita pilas, porque genera una corriente eléctrica en presencia de luz, pero resulta poco adecuada para montar en el interior de una cámara porque ha de ser bastante grande para responder a niveles de iluminación bajos; 2) de sulfuro de cadmio (CdS): como las dos que vienen a continuación, esta célula es lo suficientemente pequeña como para encontrar sitio dentro de una cámara y necesita formar parte de un circuito alimentado por una pila, porque lo que varía en presencia de la luz es su resistencia eléctrica; responde bien a la luz débil, aunque con el inconveniente de cierta inercia que le hace retener una lectura durante unos pocos segundos, sobre todo si se trabaja con luz cambiante; por otra parte, las células CdS tienen tendencia a subexponer los motivos rojos por su gran sensibilidad a este color; 3) de silicio (fotodiodo de silicio SPD): es también especialmente sensible a la luz roja , por lo que a veces incorpora un filtro azul, al que debe el nombre de célula azul de silicio. Reacciona rápidamente a la luz y apenas tiene memoria, aunque no es muy fiable a temperaturas extremas; 4) de fosfoarseniuro de galio (GaAsP o GPD): es el tipo más moderno; reacciona rápidamente y es fiable, aunque por el momento la equipan pocas cámaras. Los exposímetros incorporados en las cámaras SLR miden casi sin excepción a través del objetivo (TTL), lo que presenta la gran ventaja de tener en cuenta los filtros y cualesquiera otros accesorios montados ante el objetivo y que pudieran modificar la cantidad de luz entregada a la película. Además, estas cámaras disponen por lo general de objetivos con diafragmas automático, mecanismo que informa al exposímetro de la abertura elegida para fotografiar pero que deja el diafragma totalmente abierto hasta el mismo instante de disparar, de forma que la pantalla de enfoque presenta siempre una imagen luminosa y cómoda de enfocar. Es también normal que el exposímetro esté conectado al diafragma o al obturador para elegir la exposición automáticamente.

Extensión, Anillos o tuboS

Tubos metálicos que se montan entre el objetivo y el cuerpo de la cámara para aumentar la distancia entre aquel y la película en trabajo de acercamiento. Por lo general se venden en juegos de tres que pueden montarse en cualquier combinación, de forma que constituyen una alternativa más económica, aunque menos flexible, al fuelle de extensión; éste permite la variación continua del aumento, pero es más voluminoso y debe montarse en un trípode. Los tubos pueden ser o no automáticos; en el primer caso llevan las conexiones mecánicas necesarias para asegurar el automatismo del diafragma y la medición a plena abertura.

Factor de exposición

Incremento de exposición necesario cuando se usan fuelles, tubos de extensión, filtros y demás accesorios que aumentan la distancia del objetivo a la película o reducen la luminosidad.

Por lo general se expresa mediante un factor por el que debe multiplicarse la exposición y que, en el caso de los filtros, viene marcado en la montura; así, un filtro con un factor de exposición (o factor de filtro, como se llamaría en este caso) de x 2 exigiría duplicar la exposición aumentando al doble el tiempo o abriendo un diafragma.

Fantasmas, Fotografías

Truco fotográfico muy usual basado en la doble exposición.

Sobre una misma película se realizan dos exposiciones de la misma escena, pero en la segunda se introduce una figura, que aparecerá en el resultado como una presencia fantasmal semitransparente.

Farmer, Reductor de

Solución de ferricianuro potásico y tiosulfato sódico que se emplea para blanquear negativos y copias. Debe su nombre al fotógrafo inglés E. H. Farmer, que lo inventó en 1863.

Fechador, Respaldo

Dispositivo que reemplaza al respaldo normal en cámaras SLR y que permite imprimir ópticamente la fecha o alguna otra información numérica en una esquina del negativo. Normalmente tiene tres discos que se giran para dar la combinación deseada, por lo general el día, mes y año en que se tomó la fotografía. Hay otro tipo mucho más perfeccionado que permite escribir anotaciones con un lápiz especial en un panel del mismo respaldo desde el que se transfieren, tras ser reducido de tamaño, al negativo; según opinión generalizada, este dispositivo resulta más curioso que útil.

Fenidona

Conocido agente revelador fabricado por Ilford. Es más activa que el metol y, según afirman sus fabricantes, no produce tantos problemas en la piel como otros reveladores.

Fibra óptica

Sistema óptico que emplea fibras de vidrio de tamaño capilar a modo de "conductores de luz". Las fibras están recubiertas por un material de bajo índice de refracción que impide a la luz escapar al exterior, de manera que la que entra por un extremo emerge por el otro. Los haces de fibras transmiten la luz cuando estén curvados o nublados, propiedad que se emplea en la construcción de Endoscopios, instrumentos que permiten iluminar, inspeccionar y fotografiar lugares de acceso difícil.

Fijador

Solución química que convierte la imagen revelada en estable y permanente. Para ello convierte los haluros no revelados en compuestos solubles en agua que se eliminan por lavado. Hay dos grupos fundamentales de agentes fijadores: el del tiosulfato y el del cianuro. Este último agente es extraordinariamente rápido, pero muy tóxico, y según parece afecta a la permanencia de la imagen de plata. El tiosulfato sódico (hipo), usado por vez primera por Fox Talbot en 1841, sigue siendo el fijador más usado y barato.

Filtración

Conjunto de filtros usados en la ampliadora para hacer una copia en color. Por lo general incluye varios filtros de diferentes densidades de dos de los primarios sustractivos (amarillo, magenta y cian). Suele llamarse también filtraje, aunque es galicismo.

Filtro

Lámina de cristal, gelatina o acetato que absorbe o transmite una parte específica de la luz que lo atraviesa con el fin de modificar el tono o el color de esa luz o de alterar o deformar la imagen. Algunos se emplean en el positivado, aunque la mayor parte se usa montada en el objetivo de la cámara, tanto en blanco y negro como en color. En blanco y negro es familiar el empleo de un filtro amarillo para oscurecer el cielo; en efecto, la película en blanco y negro es especialmente sensible a la luz azul, por lo que en circunstancias normales el cielo aparece pálido en las copias; el filtro amarillo deja pasar las luces roja y verde y absorbe la azul procedente del cielo, que queda así oscurecido y con nubes más blancas y contrastadas. El filtro naranja produce el mismo tipo de resultados, pero más intensos. Los filtros usados de esta forma se llaman de contraste, y a veces de corrección, aunque este término no es aconsejable por inducir a confusión con los verdaderos filtros de corrección o de conversión de color (CC), usados en fotografía en color para corregir las pequeñas diferencias de temperatura de color entre la fuente luminosa y la película para luz artificial. En otros casos los filtros se usan para alterar el color del motivo; algunos actúan con tal sutileza que pasan casi desapercibidos, mientras que los de colores intensos transforman por completo el aspecto del motivo; aunque los resultados son muy llamativos, conviene usar con prudencia estos filtros de colores fuertes. Además, se fabrican varios filtros para fines y efectos especiales, tanto para blanco y negro como para color. De los primeros, los tres más conocidos y útiles son los ultravioleta (UV), grises y polarizadores. El filtro UV absorbe esta radiación y penetra la calina; como no afecta a la exposición, puede montarse permanentemente ante el objetivo para protegerlo de la lluvia, el polvo y los golpes (el filtro skylight es muy similar al UV, pero absorbe una pequeña proporción de luz azul y participa en parte de las propiedades de los filtros de contraste ya descritos). Los filtros grises, que se fabrican en varias densidades, reducen la luminosidad sin afectar al color ni al contraste; sirven para estrechar la profundidad de campo (al reducir la luminosidad obligan a abrir el diafragma) y permiten utilizar películas muy rápidas en condiciones de luz muy intensa. El filtro polarizador elimina los reflejos de superficies brillantes no metálicas. De los numerosos filtros para efectos especiales los más conocidos probablemente son los de estrellas, que determinan la formación de estrellas brillantes sobre todos los puntos luminosos, y los de la imagen múltiple, que repiten varias veces el motivo. Estrictamente hablando, los de efectos especiales son accesorios ópticos más que filtros, pero el habla ha incorporado ya definitivamente esta acepción. Como en el caso de los colores fuertes, los filtros de efectos especiales producen resultados muy llamativos pero que degeneran en el mal gusto si se usan una y otra vez sin imaginación. Los filtros se acoplan al objetivo de dos formas: los circulares con montura metálica se fijan a rosca, por lo que cada diámetro de objetivo exige un diámetro de filtro (este valor, expresado en milímetros, aparece en las características técnicas de casi todos los objetivos). Los filtros cuadrados se alojan en un portafiltros que, gracias a un adaptador, sirve para objetivos de diversos tamaños.

Fisiograma

Imagen fotográfica de la trayectoria de una fuente luminosa fija a un objetivo móvil. Además de una fotografía experimental, los fisiogramas se emplean mucho en la industria para examinar el funcionamiento de las diferentes piezas de las máquinas y para hacer estudios de tiempos y movimientos. Es fácil hacer un fisiograma sencillo sujetando una linterna a un péndulo; en una habitación oscurecida y con el obturador abierto, la película registrará la trayectoria oscilante de la antorcha. La exposición se determina por ensayo y error, sobre todo si se usan filtros y se trabaja en color.

Flare

Luz reflejada en el interior de la montura del objetivo o entre los elementos de este y que se traduce en marcas irregulares en el negativo o en degradación general cuando se fotografía con la fuente luminosa de frente, se reduce en parte con el recubrimiento de los elementos del objetivo y el tratamiento con negro mate y material antirreflejante de las superficies internas de la cámara. Véase también imagen fantasma.

Flash

Fuente de luz artificial que emite un destello breve e intenso producido bien por descarga eléctrica en un tubo de gas bien por ignición del filamento de una bombilla de un solo uso. Fuera de las usadas en forma de Flashbar o Cuboflash en cámaras sencillas, las bombillas prácticamente han desaparecido. Hay muchas cámaras que incorporan un flash electrónico pequeño, muy cómodo pero que presenta la desventaja de un largo tiempo de recarga (que llega hasta 10s con pilas nuevas). Los flash independientes que se montan en la zapata de accesorios suelen ser ligeros y ahora en su mayor parte automáticos, es decir, que ajustan la duración del destello cuando ha alcanzado un nivel suficiente. Muchos de ellos lo interrumpen mediante un elemento electrónico llamado tiristor, que tiene la ventaja adicional de reciclar la energía no utilizada y que, por tanto, acorta considerablemente el tiempo de recarga. Son cada vez más frecuentes los flash con cabeza giratoria, para reflejar el destello en una pared o en el techo (véase rebotado, flash). Los más grandes disponen de accesorios difusores para usar el flash con objetivos gran angular y de filtros para colorear la luz. Los flash llamados "específicos" funcionan, como su nombre indica, con una cámara o línea de cámaras determinada, de forma que la intensidad luminosa, la abertura y la velocidad de sincronización quedan fijadas automáticamente. Los flash de anillo tienen un tubo circular que se monta delante del objetivo; no arrojan sombras y dan a la imagen una calidad suave y sin contrastes; se usan sobre todo en acercamiento y fotografía médica y científica, y ahora también en retrato y moda.

Además de los contactos de la zapata, muchas cámaras disponen de otros para enchufar el cable de sincronización y poder usar el flash en cualquier posición.

En el estudio, el flash electrónico ha sustituido en gran medida a la luz de incandescencia; tiene el inconveniente de que no permite observar directamente su efecto, pero las ventajas pesan más en la balanza.

En efecto: el flash emite muchísimo menos calor que las bombillas y, por tanto, no estropea motivos frágiles como las flores o la comida; tiene una vida mucho más larga; la temperatura de color es igual a la de la luz natural; como emite una luz muy intensa, permite trabajar con aberturas muy reducidas y gran profundidad de campo; la brevedad del destello permite fijar el movimiento.

En el estudio suelen emplearse varios flash a la vez, y su disparo se sincroniza con un diodo fotodisparador que detecta la luz de uno conectado directamente a la cámara y enciende instantáneamente los demás.

Flash abierto

Disparo manual del flash con el obturador abierto. Entre sus varias aplicaciones cabe destacar la iluminación de grandes espacios; para ello se deja abierto el obturador mientras el flash se dispara varias veces hacia las diferentes zonas del interior a fotografiar.

Flash de condensador

El que lleva un condensador eléctrico en el que se almacena la energía eléctrica de la pila.

Flash especifico

El diseñado para uno o varios modelos determinados de cámaras, de forma que la intensidad luminosa, la abertura y la velocidad de sincronización quedan fijadas automáticamente.

Fluorescencia

Emisión de radiación luminosa por parte de ciertas sustancias que han adquirido energía a partir de otras fuentes de radiación ultravioleta suelen transformarla en energía cinética o calor, pero las fluorescentes entre las que se incluyen varios minerales, convierten las longitudes cortas de la radiación UV (invisible) en las más largas de la luz visible. La fluorescencia suele interrumpirse al cesar la emisión de la fuente activadora, aunque en el caso de las sustancias llamadas fosforescentes continúa. Las lámparas fluorescentes consisten en un tubo recubierto internamente de una sustancia fluorescente, como el fósforo, y contienen vapor de mercurio, que genera radiación UV en presencia de una descarga eléctrica. En la base de algunos papeles de positivado se incluyen sustancias fluorescentes para aumentar la luminosidad de las zonas blancas, sobre todo cuando se observan a la luz natural, rica en radiación UV. El fenómeno de la fluorescencia se emplea también en algunas ramas especializadas de la fotografía para crear contrastes imposibles de observar a la luz natural; por este procedimiento se detectan, por ejemplo, falsificaciones, ya que dos tintas diferentes de idéntica coloración a la luz natural pueden tener grados diferentes de fluorescencia a la UV; en estos casos se usa un filtro UV para que la radiación invisible no llegue a la película y enmascare el efecto de la fluorescencia.

Focal larga, Objetivo

Aquel cuya longitud focal es mayor que la del normal para un formato dado. Como la longitud focal de un objetivo normal es aproximadamente igual a la diagonal del formato que cubre, será de focal larga cualquier otro de longitud superior a la mencionada. Estos objetivos tienen un ángulo de visión estrecho y hacen parecer próximos a los objetos lejanos; a mayor longitud focal, mayor aumento y menor ángulo de visión. Con el fin de reducir su longitud física, la mayor parte de los objetivos de focal larga son de construcción teleobjetivo.

Foco

También llamado spot: fuente luminosa que emite un haz de luz concentrado. Tienen bombillas transparentes y reflectores muy pulidos (por lo general hemisféricos cóncavos) y suelen ir equipados de una Lente de Fresnel, ligera y resistente al calor que sirve para centrar y uniformizar el haz. Por lo general admiten la colocación de viseras, filtros y snoots para dirigir, conformar, colorear o difundir el haz luminoso.

Foco posterior

Distancia entre la superficie posterior de un objetivo y su plano focal cuando aquel está enfocado al infinito. En un objetivo sencillo de un solo elemento es prácticamente igual a la longitud focal y, como norma general, varía proporcionalmente a la misma. Pero muchos objetivos compuestos se diseñan de forma que el foco posterior sea inferior o superior a la norma; un gran angular para una SLR, por ejemplo, tiene un foco posterior muy superior a la longitud focal para sí dejar sitio al libre movimiento del espejo; lo contrario ocurre en los teleobjetivos, cuyo foco posterior es más corto que la longitud focal para reducir su tamaño físico.

Formato mediano, Cámaras de

Las que usan película en rollo y producen negativos o diapositivas comprendidos entre aproximadamente 4,5 x 6 cm y 6 x 9 cm. Tienen, pues, un tamaño intermedio entre las miniatura y las de gran formato. Hay tres tipos principales de cámaras de formato mediano: 1) réflex de un solo objetivo, con visor bien a nivel de cintura, bien a nivel de ojo; 2) réflex de dos objetivos; 3) no réflex, las más conocidas de estas son parecidas a una 35 mm. ampliada y con un fuelle entre el objetivo y el cuerpo.

Forzar

Alargar el revelado de una película más allá de lo normal para compensar la subexposición o aumentar el contraste. Por lo general, el forzado de una película va acompañado del previo aumento de sensibilidad, que en realidad consiste en subexponer. Así, aumentar a 800 ASA la sensibilidad de una película de 400 significa subexponerla un diafragma y compensar forzando luego durante el revelado. Es una técnica muy usada en periodismo y deportes, ya que permite trabajar con luz ambiental.

Fotocátodo

Dispositivo sensible a la luz formado por una capa de una sustancia metálica como el antimonio o el sodio sobre una base de cuarzo o vidrio y que descarga electrones cuando se expone a cierto nivel de luminosidad. Los electrones de la capa metálica absorben la energía de los fotones y la reemiten hacia una emulsión fotográfica. Estos dispositivos se utilizan en la construcción de intensificadores de imagen y de cámaras de televisión.

Fotoeléctrica, Célula

Componente sensible a la luz utilizado en el circuito de los exposímetros.

Fotograma

Imagen fotográfica obtenida sin cámara ni objetivo, colocando una serie de objetos sobre una emulsión sensible y exponiéndolos a la luz para registrar sus sombras y contornos. Fue una de las primeras técnicas fotográficas, usada por Thomas Wedwood y Fox Talbot, que hicieron negativos de objetos naturales puestos en contacto directo con una base fotográfica (las hojas, flores, etc. se mantienen planas con un cristal). En su forma más elemental, el fotograma tiene un fondo negro sólido y siluetas recortadas en blanco, aunque variando la intensidad, dirección y calidad de la fuente luminosa se consiguen resultados diferentes (y a veces impredecibles). La técnica, muy sencilla, obtiene un vasto campo a la experimentación y a la inventiva; el artista norteamericano Man Ray creó algunas obras -a las que llamó rayografías- verdaderamente notables. Naturalmente, también puede trabajarse en color y con filtros. En cinematografía, se llama fotograma a cada una de las fotografías que forman una película.

Fotogrametría

Técnica que se sirve de la fotografía para hacer ciertas mediciones. Se emplea mucho en medición y demarcación de terrenos, en cartografía y en medición de edificios.

Fotomecánica, Cámara

Cámara de gran formato para hacer reproducciones de calidad altísima, empleada por lo general en reproducción fotomecánica o en ampliaciones científicas. Hay varios tipos, que funcionan en vertical o en horizontal. Las más especializadas son más grandes (para negativos de más de un metro cuadrado) y con mandos motorizados de movimientos extremadamente precisos. En las de mayor tamaño la parte correspondiente al panel de la película suele estar instalada permanentemente en un cuarto oscuro.

Fotomecánica, Objetivo para reproducción

Objetivo muy corregido que se emplea en la reproducción de ilustraciones para la imprenta. Como no son necesarias las exposiciones cortas, estos objetivos suelen tener aberturas máximas pequeñas (por lo general en torno a f 8 ó f 11), lo que da al diseñador más libertad para lograr el deseado nivel de corrección. Además de estar más corregidos que los empleados en fotografía general para las aberraciones esféricas, son pancromáticos, es decir, están corregidos para los tres colores en vez de sólo para dos, como es usual. Son, pues, de fabricación muy costosa.

Fotomecánica, Película

Película lenta, de grano muy fino y elevado poder de resolución empleada en resolución.

Fotómetro

Instrumento que mide o compara la intensidad luminosa. Un exposímetro es, en último término, un fotómetro, aunque este término suele reservarse para los instrumentos que indican la intensidad luminosa (en una oficina, por ejemplo) sin referencia a los valores de exposición correspondientes.

Fotomicrografía

Fotografía con microscopio. Casi todas las cámaras SLR tienen adaptadores para acoplar el cuerpo al tubo del microscopio y su sistema de enfoque y lectura a través del objetivo las hace particularmente cómodas para esta especialidad. El microscopio óptico alcanza hasta unos 2.000 aumentos, y el electrónico, que emplea un haz de electrones (partículas atómicas cargadas) en lugar de luz, llega hasta 1.000.000 o más. Estos microscopios incorporan casi siempre una cámara especial. Una fotografía tomada a través de un microscopio se llama fotomicrografía, términos que no deben confundirse con microfotografía, que se refiere a la reproducción de documentos en película de pequeño formato. Véase también campo oscuro e iluminación por transparencia.

Fresnel, Lente de

Elemento óptico plano por una cara y con una serie de anillos concéntricos de sección triangular convexa por la otra. Esta construcción es muy plana y ligera y refracta la luz tanto como lo haría una superficie convexa muy marcada. Proporciona iluminación uniforme, sin pérdidas por los bordes, aunque en las imágenes que forman son visibles los anillos y por eso se emplea sobre todo en focos y pantallas de enfoque.

Fuelle de bolsa

Bolsa corta que sustituye al fuelle en las cámaras de gran formato cuando es necesario acercar mucho el objetivo y la película, como ocurre cuando se emplean grandes angulares.

Gamma

Medida del gradiente de la sección recta de la curva característica, que expresa el contraste de un material fotográfico bajo unas condiciones de revelado específicas. En esta curva se representan las densidades (D) en ordenadas y los logaritmos de la exposición (E) en abscisas, de forma que gamma (-y) = D/log E.

Gelatina

Sustancia usada como conglomerante de los granos de haluros de plata en las emulsiones fotográficas. La gelatina, que también se emplea en la fabricación de filtros, es una proteína animal de la que no existen alternativas sintéticas satisfactorias. Las propiedades que la hacen particularmente apropiada para la elaboración de emulsiones son la transparencia, la flexibilidad, la permeabilidad a las soluciones empleadas en el procesado, la facilidad con que pasa de líquida a sólida y su acción protectora y conglomerante de los granos de plata.

Goldberg, Cuña de

Capa de gelatina teñida en forma de cuña usada en sensitometría. La densidad de esta aumenta en pasos fijos de valor conocido con los que se comparan las densidades de los negativos.

Gost

Abreviatura de Gosudarstvenny Obshchesoyuzny Standart (Normas Unitarias del Gobierno Soviético) que designan un sistema de evaluación de sensibilidades empleados en la Unión Soviética y algunos países del este de Europa. Es un sistema matemático similar al ASA.

Gradación

Término usado para describir el intervalo de contrastes o la variación tonal de una imagen fotográfica. Si la imagen tiene muchos tonos intermedios entre los extremos más claro y oscuro, se dice que tiene una gradación suave, mientras que la gradación se describe como dura cuando estas tonalidades intermedias son escasas. Depende en principio de la sensibilidad de la película: las lentas son duras y las rápidas suaves, aunque es también función del revelado: el revelador concentrado o que actúa durante mucho tiempo da resultados duros, mientras que el diluido o que actúa durante poco tiempo los da suaves.

Grado

Nivel de contraste de los papeles en blanco y negro. Por lo general, cada marca o tipo se vende en varios grados diferentes.

Gran angular, Objetivo

Objetivo cuya longitud focal es inferior a la del normal para un formato determinado y que, por tanto, cubre un ángulo grande. Cuando más corta sea la longitud focal, tanto mayor será el ángulo de vista. En el formato 35 mm. (cuya longitud focal normal oscila en torno a los 50 mm), los gran angulares más usados son los de 35 y 28 mm; tienen una cobertura grande y suficiente para la mayor parte de los temas, mientras que introducen una distorsión relativamente contenida. Por debajo de los 16 mm en este formato, los gran angulares suelen ser del tipo ojo de pez, que dan imágenes muy deformadas. A causa de su menor longitud focal, los gran angulares deben estar más cerca que los normales del plano de la película, lo que en el caso de cámaras SLR puede plantear problemas al movimiento del espejo. Para solucionar este inconveniente se recurre a la construcción llamada retrofoco o teleobjetivo invertido, que tiene un grupo anterior de elementos divergentes y otro posterior de convergentes y cuyo foco posterior es apreciablemente más largo que la longitud focal. De todas formas, hay algunos objetivos gran angulares que sólo pueden usarse en cámaras SLR con posibilidad de bloqueo del espejo. En las cámaras de gran formato se sustituye el fuelle normal por un fuelle de bolsa. El objetivo equivalente a 28 mm. en una cámara de 9 x 12 cm. tendría alrededor de 90 mm., de 45 mm. En formato mediano y de unos 15 mm. en una cámara 110.

Gran formato, Cámara de

Término aplicado a todas las que usan película en hojas sueltas de más de 9 x 12 cm. aproximadamente. Se construyen de muchas formas y tamaños diferentes, aunque comparten algunas características. El cuerpo está formado por un fuelle extensible sujeto entre los paneles anterior y posterior. El panel anterior lleva el objetivo y el posterior un vidrio esmerilado que se cambia por un chasis con película al hacer la exposición. Los objetivos son intercambiables y disponen de diafragma y obturador. En la pantalla de enfoque la imagen se ve boca abajo e invertida lateralmente, aunque algunas cámaras aceptan la instalación de un capuchón de enfoque con un espejo que la coloca boca arriba. Las cámaras de gran formato reciben diferentes denominaciones que se caracterizan por su poca precisión. La distinción más clara es la que se hace entre cámaras monorraíl y de carril doble; las primeras van montadas sobre un tubo (el raíl) muy sólido a lo largo del que se deslizan los paneles anterior y posterior, que disponen de los correspondientes mandos de enclavamiento. Garantizan el mayor grado posible de control sobre la imagen, disponen de todos los movimientos y permiten una gran extensión por acoplamiento de varios fuelles y raíles. Las de carril doble tienen un panel posterior fijo ante el que se extienden una base con un par de carriles sobre los que se desliza el panel del objetivo; la base se pliega sobre el panel posterior, de forma que la cámara, cuando no se usa, es relativamente pequeña y más o menos portátil. Este diseño permite menos movimientos que el monorraíl, movimientos que con frecuencia se limitan al descentramiento del panel del objetivo. El término cámara de campo hace referencia a cualquier cámara de formato grande suficientemente portátil como para ser usada fuera del estudio, por lo que es más o menos sinónimo de cámara de carril doble. Actualmente suele limitarse la denominación cámara de estudio a cualquiera que por su tamaño y peso resulte casi imposible de usar fuera de un lugar fijo. Cámara técnica es prácticamente sinónimo de cámara de gran formato, lo mismo que cámaras de placas, a pesar de que, naturalmente, las modernas cámaras de gran formato utilizan película en hojas y no en placas de cristal.

Grano

Textura que, en mayor o menor medida, aparece en todos los materiales fotográficos. En blanco y negro los granos son minúsculas partículas de placa metálica negra. En color la plata se ha eliminado químicamente, pero quedan diminutos grumos de pigmento que reproducen la apariencia del grano.

Cuanto más rápida sea una película, tanto mayor será el grano que produzca. Cuando se trata de conseguir la nitidez y el detalle máximos, el grano es un estorbo, aunque en otros casos es un instrumento creativo muy sugerente. Granularidad es la medición objetiva del grano.

Gris, Cartulina
Cartulina de reflectancia normalizada que se usa para hacer lecturas medias de exposición.

Grises, Escala de
Serie de tonos de gris dispuestos (en una copia o en una transparencia) en orden creciente o decreciente frente a la que se hacen medidas sensitométricas.

Halo
Anillo o banda luminosa que se forma en torno a las luces de una imagen revelada y que se debe al reflejo de la luz en la base de la emulsión. Aunque técnicamente se considera un fallo (las películas tienen una capa antihalo para evitarlo), el fenómeno adopta a veces formas interesantes que pueden aprovecharse creativamente.

Halo, Iluminación de

Iluminación del sujeto desde atrás o desde arriba que lo rodea de una especie de halo luminoso. Se emplea sobre todo en retrato.

Halógenos

Grupo de elementos químicos al que pertenecen el cloro, el bromo y el yodo. Son importantes en fotografía porque con la plata forman las sustancias sensibles a la luz que hacen posible la fotografía.

Hiperfocal, Distancia

Distancia más corta a la que puede enfocarse un objetivo de forma que su profundidad de campo se extienda hasta el infinito. Dicha profundidad se extiende desde aproximadamente la mitad de la distancia hiperfocal hasta el infinito.

Hipersensibilización

Aumento de la sensibilidad de una emulsión fotográfica después de su fabricación y antes de su exposición. El tratamiento después de la exposición se llama latensificación.

Hipo

Nombre coloquial del tiosulfato sódico, que hasta hace poco era el único agente fijador conocido.

Hojas, Película en

Película cortada en una serie de formatos normalizados (por lo general hasta 24 x 30 cm) que se usa en las cámaras técnicas.

Haluro de plata

Compuesto de plata con un halógeno (bromuro, yoduro o cloruro de plata, por ejemplo). El bromuro de plata es el principal componente sensible a la luz de las actuales emulsiones fotográficas, aunque también se usan otros haluros. El revelador transforma en plata metálica la imagen latente generada en estos compuestos por la acción de la luz.

Holografía

Técnica que registra en una placa fotográfica información en forma de modelo de interferencia que cuando se observa en las condiciones adecuadas reproduce una imagen tridimensional. La única relación entre la holografía y la fotografía convencional es el uso de una película sensible a la luz.

Humectador

Producto que reduce la tensión superficial del agua y facilita la extensión uniforme y rápida de una de las soluciones sobre el material fotográfico. Suele añadirse al revelador para evitar la formación de burbujas y al último aclarado para favorecer un secado uniforme.

Iluminación por transparencia

En fotomicrografía, iluminación de la muestra desde abajo, de forma que aparezca transparente y sobre un fondo claro. Véase también campo oscuro.

Imagen

Representación óptica de un objeto. Si se forma sobre una superficie física (como una pantalla de enfoque) se habla de imagen real. Cuando se forma en un plano del espacio y no en una superficie física se llama imagen aérea. Y cuando no puede proyectarse en una pantalla se habla de imagen virtual. Esta imagen (por ejemplo, la que se ve en un espejo) se forma en un punto que parecen haber atravesado los rayos luminosos, aunque en realidad no lo han hecho. La imagen invisible que se forma en una emulsión fotográfica durante la exposición se llama imagen latente.

Imagen fantasma

Imagen de una fuente o punto luminoso que se forma en el negativo por culpa de los reflejos en los elementos anterior y posterior de un objetivo compuesto. Es un tipo particular de flare que se evita utilizando objetivos recubiertos.

Imagen latente

Imagen invisible formada en un material fotográfico como resultado de la exposición y que se convierte en visible mediante el revelado. El proceso de formación de la imagen latente no se ha elucidado por completo, aunque podría consistir en una especie de agregación de átomos de planta bajo la acción actínica de la luz. El tamaño final de estos agregados depende de la intensidad de la luz y parece que constituyen los embriones en torno a los que el revelador generará la imagen visible. Por debajo de cierta intensidad mínima, la luz no consigue crear núcleos suficientemente estables, lo que explica el falo de la ley de reciprocidad.

Incidente, Luz

La que llega a un motivo por contraposición a la que el mismo refleja.

Muchos exposímetros independientes pueden medirla en lugar o además de la reflejada.

Indicador

Compuesto que añadido a alguno de las soluciones de procesado indica el cambio de alguna de sus características, sobre todo el pH (grado de acidez o alcalinidad), del que depende la efectividad de casi todas.

Índice de densidad constante

Ley que establece que las densidades relativas de haluros de plata en un negativo expuesto dependen sólo de la exposición y no del revelado, que afecta únicamente al contraste.

Infrarroja, Referencia

Referencia que aparece en el anillo de enfoque de muchos objetivos y que denota la corrección necesaria en fotografía infrarroja. En efecto, la radiación infrarroja se refracta menos que la visible, por lo que forma la imagen un poco por detrás de lo normal.

Infinito

Teóricamente, punto situado a una distancia inconmensurablemente grande. En la práctica, punto situado a una distancia tal que por detrás de él todo aparece nítido. La posición "infinito", coloca al objetivo a la mínima distancia posible de la película para que reproduzca con nitidez los objetos lejanos.

Infrarrojo

Radiación cuya longitud de onda es superior a la del rojo. Esta radiación se percibe en general como calor y puede detectarse en emulsiones especiales. En la copia las superficies que emiten radiación infrarroja aparecen de color blanco y los demás de color negro; el follaje de los árboles caducifolios, por ejemplo, refleja el infrarrojo y hace que aparezcan blancos contra un cielo negro. La película infrarroja en color tiene tres capas sensibles al verde, rojo e infrarrojo y produce una imagen predominantemente magenta, aunque puede alterarse con filtros. Así el filtro verde cambia los rojos en naranjas, los tonos de la piel en amarillos y los blancos en verdes. Además de su interés creativo, la película infrarroja encuentra sus principales aplicaciones en los campos de la técnica y la ciencia y permite investigar desde la patología vegetal hasta la autenticidad de los documentos.

Intensificación

Aumento de la densidad de una imagen por medios químicos u ópticos. El proceso químico, que consiste en la inmersión del negativo en un baño con compuestos de cromo, mercurio o plata que aumentan el tamaño de los granos de los haluros, es el más empleado. Naturalmente, sólo aumenta la intensidad de la imagen en las zonas en que ya hay haluros, lo que lleva aparejado el incremento de contraste. El tratamiento químico puede hacerse también con pigmentos que ennegrecen la plata ya formada. El tratamiento óptico por irradiación con una luz lateral rasante que es dispersada por los granos de plata dentro de la emulsión y da lugar a una imagen más densa.

Intensificador de imagen

Dispositivo electrónico que se monta entre el objetivo y el cuerpo de la cámara para aumentar la luminosidad de la imagen. Consiste básicamente en una ampolla de vidrio en cuyo interior se ha hecho el vacío y provista de un fotocátodo semitransparente en un extremo y de una pantalla luminiscente parecida a la de un televisor en el otro. El fotocátodo recibe la imagen y emite un haz de electrones proporcional a la luminosidad de la imagen que la pantalla reconvierte de nuevo en visible. Estos instrumentos, que suelen proporcionar una ganancia de luminosidad de alrededor de x 50 (5,5 diafragmas) sólo pueden emplearse en blanco y negro.

Interferencia

Alteración de la longitud de onda a consecuencia de la unión de dos frentes de onda, como la que ocurre cuando la luz reflejada en la base de una película delgada se encuentra con la que incide sobre la superficie de esta.

Intermitencia, Efecto de

Una serie de exposiciones breves da lugar a una imagen de densidad inferior a una sola exposición equivalente a la suma de todas las anteriores como consecuencia del fallo de la Ley de reciprocidad.

Internegativa, Película

La destinada a reproducir negativos. Lleva incorporada una máscara que contrarresta la pérdida de saturación y el aumento de contraste inherentes a la reproducción. Suele emplearse para obtener, a partir de diapositivas, negativos de los que a su vez puedan tirarse copias.

Intervalómetro

Dispositivo que acoplado a un motor establece automáticamente un intervalo predeterminado entre exposiciones. Este intervalo puede variar entre un segundo y varios días. Suele emplearse en unión con un dosímetro.

Inversa de los cuadrados, Ley de la

Fórmula matemática que establece el aumento o la reducción de la intensidad luminosa que incide sobre una superficie en función de la fuente luminosa y dicha superficie. Según esta ley, la intensidad varía proporcionalmente al inverso de la distancia. Así, cuando la distancia se duplica, la intensidad se divide por cuatro. Si la distancia se hace tres veces menor, la intensidad pasa a ser nueve veces mayor. La ley se aplica estrictamente sólo a fuentes luminosas puntuales y se emplea para calcular el número guía de los flashes.

Inversor, Anillo

Anillo que permite acoplar el objetivo al cuerpo de la cámara (o a un fuelle de extensión) en posición invertida, lo que mejora la definición en acercamiento.

Irradiación

Dispersión de la luz en el interior de la emulsión a causa de las reflexiones múltiples entre los diminutos cristales de haluros de plata. Se suma al efecto del halo y es más notable en las emulsiones gruesas que en las finas. Sus consecuencias se neutralizan parcialmente con un revelador de superficie de elevada actuancia, que acelera el revelado de las zonas de baja densidad adyacentes a la radiación intensa.

Jirafa para luces

Soporte para luces que consiste en una larga pértiga horizontal que lleva una luz en un extremo y un contrapeso en el otro. Permite iluminar el motivo desde cerca sin estorbar con el soporte la toma.

Julio

Unidad de energía equivalente a un vatio por segundo. En fotografía suele emplearse para medir la potencia de los flashes de estudio.

Kostinsky, Efecto

Fenómeno del revelado que consiste en el desplazamiento de pequeñas zonas de la imagen situadas muy juntas. La causa está en el agotamiento y desplazamiento del revelador que provocan los efectos de borde. En el caso de zonas densas sobre un fondo claro, el revelador se agota antes entre dichas zonas, por lo que sus bordes internos quedan subrevelados y retroceden ligeramente. En el caso de zonas claras sobre un fondo oscuro ocurre lo contrario, y aquellas se acercan unas a otras.

Laca

Resina natural empleada para recubrir y proteger negativos y como adhesivo en el montaje a seco. Hasta ahora no ha sido superada en sus cualidades por ningún producto sintético.

Lámpara de filamento

Fuente que emite luz a partir de un delgado hilo metálico (filamento) que se pone incandescente al paso de la corriente eléctrica. En fotografía las lámparas de incandescencia más usadas son las de filamento de tungsteno.

Láser

Siglas de Light Amplification by Stimulated Emission of Radiation (Amplificación de la luz por emisión estimulada de radiación) que describen un dispositivo capaz de emitir un haz intenso de luz coherente de un solo color muy puro. Se emplea en la realización de hologramas y en varios campos de la fotografía científica. Recientemente se ha desarrollado también una técnica de obtención de copias en color a partir de diapositivas por medio de láseres que dan lugar a una serie de señales electrónicas cuyo posterior procesado origina una copia en color; se emplean para ello tres láseres de colores azul, verde y rojo que atraviesan la transparencia y originan señales electrónicas en función de las proporciones y densidades de los colores de la imagen; tales señales se procesan en un ordenador y se emplean para controlar otros tres o más láseres que hacen una exposición sobre película de grano fino y alta resolución que se procesa de la forma normal. Este proceso, disponible comercialmente, produce copias de calidad comparable al dye transfer, pero a un costo inferior y en menos tiempo; permite además alterar el color y crear varios efectos especiales.

Latensificación

Intensificación de la imagen latente. El proceso es parecido a la hipersensibilización, pero se lleva a cabo después de la exposición y antes del revelado del negativo. Puede hacerse por inmersión en una solución o por exposición a vapores químicos o a la luz. En realidad, es un procedimiento de amplificar la sensibilidad de una emulsión que ha sufrido el fallo de la Ley de reciprocidad al estar expuesta durante mucho tiempo a una luz muy débil o durante muy poco tiempo a una luz insuficiente. La exposición de la imagen latente a una fuente luminosa de poca intensidad aumenta la densidad de esta sólo en los lugares en que ya se había formado, y aunque el nivel de velo también aumenta algo, el resultado final compensa.

Latitud de exposición

Tolerancia de una emulsión a las exposiciones incorrectas. Por lo general la película en blanco y negro tiene más latitud que la de color, latitud que es tanto mayor cuanta más alta es la sensibilidad.

Lavado

Etapa final del procesado cuya finalidad es eliminar los residuos de otros productos y los compuestos de plata solubles que quedan en la emulsión tras el revelado y el fijado. Es imprescindible lavar hasta la desaparición de toda traza de compuestos químicos, porque si quedan algunos acabarán por atacar a la copia y producir manchas (véase permanencia). Los sistemas de lavado actuales más eficaces son los que pulverizan agua en todas direcciones por la parte superior y dan salida al agua contaminada por la inferior. Pero para lavar bien no es necesario disponer de instalaciones complicadas: basta una pila profunda con el desagüe elevado y la entrada de agua por su parte inferior; si la presión es suficiente, la masa de agua agitará las copias en su camino hacia el rebosadero de la parte superior.

LCD (pantalla de cristal líquido)

Indicador numérico electrónico que presenta la velocidad de obturación y la abertura en uso en el visor de algunas cámaras SLR. Estos dispositivos, que también se emplean en otros instrumentos fotográficos como exposímetros, etc., presentan la ventaja frente a los indicadores LED de que consumen menos pilas y el inconveniente de ser menos visibles con luz débil y más sensibles a las temperaturas extremas (a unos 60° la pantalla se vuelve negra y no se aclara hasta que se disminuye la temperatura; por debajo de -10ºC aproximadamente la mayor viscosidad de cristal líquido alarga el tiempo de reacción del indicador). La Nikon F3 y la Ricoh

XR7 son dos de las más recientes cámaras en incorporar esta técnica; la primera presenta la información directamente en forma numérica, mientras que la segunda utiliza una aguja móvil ante una escala.

LED (diodo emisor de luz)

Componente eléctrico de estado sólido que se emplea en los visores y otros instrumentos fotográficos para presentar información o como señal de aviso. En su forma más usual no es más que un simple piloto que se ilumina cuando la exposición es correcta y en la más elaborada informa numéricamente de la velocidad de obturación, la abertura y otras circunstancias, como la carga del flash, por ejemplo.

Lente

Elemento de vidrio u otro medio transparente capaz de formar imágenes desviando y reuniendo en un foco los rayos luminosos. La luz viaja más lentamente a través del material sólido de la lente que a través del aire por lo que todos los rayos que no sigan el eje de aquella se desvían tanto al entrar como al salir de la misma. Además de desviarla, la lente dispersa la luz;

así, el componente azul se desvía más que el rojo. El poder de refracción y dispersión de una lente dependen de su forma y de la composición del vidrio. En cuanto a la forma, las lentes se dividen básicamente en convergentes y divergentes. Una lente convergente o positiva, desvía los rayos y los lleva a converger en un punto situado sobre su eje; una divergente o negativa, los desvía separándolos del eje. Las lentes convergentes son más gruesas por el centro que por los bordes y, por tanto, convexas; las divergentes son más gruesas por los bordes que por el centro, y, por tanto, cóncavas. Pero no hay inconveniente en que una de las caras sea plana, y según las combinaciones de formas las lentes pueden también clasificarse en seis categorías: biconvexas, planoconvexas, cóncavoconvexas, bicóncavas, planocóncavas y convexo-cóncavas. Casi todas son biconvexas y, de hecho, lente deriva de Lens, palabra que en latín significa lenteja, por la similitud entre la forma de ésta y la de la mayoría de las lentes. Los vidrios ópticos empleados en la construcción de lentes pertenecen a dos categorías básicas: flint, de índice de refracción y grado de dispersiones elevadas, y crown, de elevado índice de refracción y bajo poder de dispersión.

Lenticular, Sistema

Sistema óptico de pequeñas lentes de igual tamaño y forma combinados para concentrar la luz o para descomponer una imagen que pueda luego recomponerse con una pantalla lenticular idéntica. La disposición es similar a la del ojo compuesto de los insectos. Las lentes y pantallas lenticulares encuentran varias aplicaciones en fotografía. En algunos exposímetros -el Weston Máster, por ejemplo- la fotocélula aparece recubierta por una lente lenticular que recoge la luz y determina el ángulo de lectura. Las pantallas lenticulares se emplean en la formación de imágenes estereoscópicas y en la técnica de proyección.

Ley del coseno

Ley que determina la variación en iluminación entre los centros y los bordes de la imagen formada por una lente. En los bordes las ondas luminosas inciden más oblicuamente que en el centro, por lo que la luminosidad es menor. La ley del coseno establece que la iluminación varía proporcionalmente a la cuarta potencia del coseno del ángulo formado por el eje de la lente y la recta imaginaria que une el punto nodal posterior al punto de la imagen en cuestión.

Línea, Película de
Material similar al lith, pero que da bordes aún más nítidos a grandes ampliaciones.
Es una película algo más cara, pero con la ventaja de una superior latitud.
Se emplea sobre todo en artes gráficas y en cualquier trabajo de reproducción que exija una definición máxima.

Lith, Película
Película de altísimo contraste que elimina los grises y reduce las imágenes a negros y blancos puros.
Tiene una emulsión muy delgada de elevada nitidez y muy baja sensibilidad que debe revelarse con un revelador lith especial de formaldehído-hidroquinona.
Se emplea en artes gráficas para convertir el tono en línea, en la reproducción de originales de línea y en la confección de tramas de medios tonos.

Longitud focal

Distancia entre el punto nodal posterior de un objetivo y el punto de convergencia de los rayos paralelos al eje cuando aquel está enfocado a infinito. A mayor longitud focal, menor ángulo de visión.

Longitud de onda

Distancia entre dos puntos sucesivos situados en la misma fase de un movimiento ondulatorio (por ejemplo, la distancia entre dos crestas o entre dos senos sucesivos de la onda), como la radiación electromagnética. Es inversamente proporcional a la frecuencia (número de repeticiones por unidad de tiempo, generalmente por segundo). Los diferentes tipos de radiación electromagnética que forman el espectro tienen diferentes longitudes de onda; en el caso de la luz visible, la longitud de onda determina el color.

Luces

Partes claras del motivo, representadas en el negativo por las áreas más densas y en el positivo por las menos densas.

Luz

Radiación electromagnética visible y agente natural que excita el sentido de la vista. La parte visible del espectro electromagnético, que va del rojo al violeta, abarca las longitudes de onda comprendidas entre 4000 y 7000 A (400-700 nm), longitudes que determinan el color de la luz; la azul, por ejemplo, es una radiación de longitud más corta que la roja. La luz del extremo azul-violeta del espectro es la más intensamente actínica, es decir, la que más afecta a las emulsiones fotográficas. Las ondas infrarrojas y ultravioleta, invisibles al ojo humano, pueden registrarse en materiales sensibles especiales.

Luz ambiental

La natural o artificial presente en un lugar determinado y que el fotógrafo no complementa con ninguna otra. El término se emplea con frecuencia para hacer referencia a la débil iluminación de algunos interiores.

Luz artificial

La que no procede de una fuente natural (por lo general del sol), como una lámpara fotográfica o un flash. Las emulsiones fotográficas no son igualmente sensibles a la luz natural que a la artificial.

Luz fotográfica

Cualquier fuente luminosa continua, no enfocable y apropiada para el trabajo de estudio o similar. Por lo general consiste en una o varias bombillas de incandescencia de 250 a 500 W con sus correspondientes reflectores.

Luz natural, Película para

Película en color invertible formulada para que rinda colores exactos a la luz natural media, cuya temperatura de color es de 6500 K. Este material se usa también con flash electrónico y bombillas de flash azules.

Luz principal

Es una instalación luminosa, la que determina su carácter general.

Luz, Unidades de medida de la

Las empleadas para evaluar la intensidad, color y calidad de la luz. La longitud de onda se mide en angstroms (A) o en nanómetros (nm); el angstrom equivale a una millonésima de milímetro. Estas unidades permiten identificar y definir científicamente los colores. La luz azul-verdosa, por ejemplo, tiene una longitud de 5000 A (500 nm). Otra característica de la luz es la temperatura de color, que se mide en grados Kelvin (K) o en Mired. La intensidad de la luz puede medirse en la fuente, en la superficie que ilumina (luz incidente) o tras su reflexión en esa misma superficie. La primera unidad de medida de la intensidad luminosa fue la candela, intensidad luminosa de una vela (candela) normalizada y encendida en condiciones perfectamente controladas y especificadas. Actualmente la candela se define en términos de potencia radiante de un cuerpo negro a una temperatura determinada. La luz incidente se mide en lúmenes; el lumen es el flujo luminoso que atraviesa una superficie de un metro cuadrado situada a un metro de una fuente luminosa puntual de una candela. Una intensidad de una candela reflejada en una superficie de un metro cuadrado se llama foot lambert o nit. En el estudio científico de la luz se usan muchas otras unidades, pero las mencionadas son las que tienen más aplicación en fotografía.

Mackie, Línea de

Línea que rodea a veces las luces en las emulsiones de haluros de plata. Se debe a la difusión lateral de revelador agotado que provoca los efectos de borde. La mayor densidad en el borde de una zona de densidad elevada y la menor en otra de densidad baja producen el efecto de una línea clara en torno a la zona densa.

Macro, Objetivo

En general, cualquier objetivo adecuado para fotografiar a distancias cortas, aunque estrictamente hablando el término debería limitarse a los capaces de una relación de ampliación 1:1 (tamaño natural) o mayor. Pueden también emplearse a distancias normales.

Macrofotografía

Aunque el término se usa casi siempre, incluso en publicaciones especializadas, para referirse a la fotografía de acercamiento que no usa del microscopio (es decir, con objetivo macro, fuelles, etc.), debería reservarse para la producción de fotografías de gran tamaño, murales, etc., y llamar fotomacrografía al trabajo de acercamiento.

Magenta

Uno de los tres colores empleados en la síntesis sustractiva.

Es complementario del verde y está formado por la combinación del rojo y el azul.

Cuando a las luces de estos dos colores se añade la de color verde se forma luz blanca, y si a ésta se le priva de verde, resulta el magenta.

Manchas de secado

Las que aparecen en la película a consecuencia de un secado desigual.

Son prácticamente imposibles de eliminar del lado de la emulsión.

Marginador

Bastidor que se coloca bajo el objetivo de la ampliadora y por lo general apoyado en la base de ésta para establecer el tamaño de la copia, determinar sus proporciones y mantener plano el papel. Los márgenes pueden ser fijos o ajustables.

Matriz

Imagen de gelatina en relieve que se emplea para transferir color al papel en procesos como el dye transfer. La gelatina tiene una superficie elevada similar a la de una plancha de impresión.

Media placa

Negativo de 4 3/4 x 6 1/2 pulgadas (11,9 x 16,3 cm.).

Medio formato

El de 18 x 24 mm, la mitad del normal sobre película de 35 mm.

Metol

Agente revelador comercializado bajo diversas marcas registradas. Es un polvo cristalino blanco y pude desencadenar reacciones alérgicas.

MFT (modulación de la función de transferencia)

Método de evaluación de la nitidez de un objetivo basado en el establecimiento de una gráfica de relación de contrastes motivo/imagen frente a resolución de la imagen.

Microflash

El que produce un destello de duración extremadamente corta. Se utilizan para este fin fuentes luminosas especiales, como el láser pulsante, controladas por obturadores de alta velocidad del tipo de la célula de Kerr (véase obturador). Sus aplicaciones son fundamentalmente científicas.

Microfotografía

Reproducción de documentos y otros originales en película de formato muy pequeño, que permite acumular en muy poco espacio una gran cantidad de información. Se utilizan para ello cámaras especiales que, en general, tienen un aspecto muy parecido a una ampliadora y van montadas sobre una columna firme sujeta por su parte a una base plana sobre la que se coloca el original; las luces se disponen a ambos lados de la columna central. La exposición suele ser automática y controlada por medio de un obturador de velocidad variable. Un objetivo típico es un 28 mm f4,5. La película, de grano fino y elevado poder de resolución, se carga en largos rollos de diversas anchuras, por lo general de 16 y 35 mm. Una vez procesada se almacena otra vez en forma de rollo o se monta en una base transparente que constituye lo que se llama una microficha. La lectura se hace con la ayuda de un visor que proyecta la imagen en una pantalla y la amplía aproximadamente al tamaño del documento de partida. Actualmente casi todas las bibliotecas y archivos tienen grandes visores de este tipo, aunque los hay igualmente plegables, montados ene le interior de un pequeño maletín. Se usan fichas de varios tamaños, de los que el de tarjeta postal (con 60 fotogramas) es el más común. La ficha tiene la ventaja sobre el rollo de ser más manejable, ya que es fácil hacerse una idea de su contenido sin necesidad de visor. Los rollos son muy apropiados para reproducir libros y material impreso, mientras que las fichas suelen reservarse para originales más variados, como obras de arte o fotografías. Muchos importantes museos han encargado a compañías especializadas (Mindata, por ejemplo) la reproducción en microfichas de sus fondos; el formato es tan compacto que caben 10.000 imágenes legibles a simple vista en una cómoda carpeta de 25 x 30 cm. Las microfichas (frecuentemente generadas por un ordenador) se emplean muchísimo en el comercio y la industria para recoger, por ejemplo, lista de clientes o transacciones bancarias.

Micrografía

Fotografía obtenida con un microscopio. Es sinónimo de fotomicrografía.

Microprisma

Prisma de pequeño tamaño. En la pantalla de enfoque de casi todas las cámaras SLR de 35 mm. Se emplea un conjunto de microprismas dispuesto en forma de anillo para facilitar el enfoque: cuando éste es incorrecto, la imagen aparece "cuarteada" y recupera su aspecto normal en cuanto es correcto. Hay muchos fotógrafos que consideran el anillo de microprismas un estorbo más que otra cosa, por lo que la pantalla de enfoque suele ser intercambiable.

Miniatura, Cámara

La que usa película de 35 mm o menor. El término se acuñó en una época en que toda la fotografía de cierta calidad se hacía en formato grande; como ahora el 35 mm es el más usado de todos, ha caído prácticamente en desuso.

Mired

Acrónimo de Micro-Reciprocal Degree (grado microrecíproco); unidad de temperatura de color usada para calibrar los filtros de corrección de color. El valor mired de una fuente luminosa se determina dividiendo un millón por la temperatura de color en grados Kelvin. La capacidad de un filtro para modificar la calidad de color de una fuente luminosa expresada como un valor mired positivo o negativo se llama desviación mired. Los filtros amarillos tienen valores de desviación mired positivos, lo que significa que aumentan el valor mired de la fuente luminosa y reducen su temperatura de color. Los azules tienen desviaciones negativas, bajan el valor mired de la fuente y elevan su temperatura de color. Un decamired equivale a diez mireds, un cambio de color justamente detectable por el ojo humano.

Monobaño

Solución que combina un revelador y un fijador para el procesado rápido en una sola fase de película en blanco y negro. El proceso termina en tres o cuatro minutos, por lo que resulta útil cuando la rapidez es fundamental. La película de 35 mm. puede procesarse a la luz del día con chasis y todo, sólo con depositarla en un recipiente con la solución. Un inconveniente de estas soluciones es que producen pérdida de contraste a causa del velo. El revelador es del tipo PQ (fenidonahidroquinona) y el fijador, de acción retardada, no empieza a actuar hasta que no ha terminado el revelado.

Monopodio

Soporte para la cámara de una sola pata, por lo general telescópica. Aunque, naturalmente, menos estable que un trípode, resulta útil en algunas circunstancias, sobre todo si hay poco espacio. Cuando se fotografía en medio de una multitud, por ejemplo, el monopodio permite asegurar la cámara contra el cuerpo del fotógrafo o levantarla por encima de la muchedumbre y dispara con un cable.

Monorraíl

Tubo o raíl que sujeta una cámara, una fuente de luz u otro accesorio del estudio. Por lo general se usa en relación con uno de los dos tipos principales de cámaras de gran formato.

Montaje

En general, positivado de más de un negativo de un mismo papel fotográfico. También reforzamiento de una copia con un soporte de cartón o algún otro material resistente.

Montaje en seco

Montaje de copias en una base de cartón por medio de un tisú termoadhesivo que se coloca entre la copia y la base y se pega introduciendo el conjunto en una prensa caliente. Es el método de montaje más eficaz que se conoce, no produce arrugas en la copia, es permanente y no contamina la fotografía con productos peligrosos, al contrario que muchos otros adhesivos.

Montura del objetivo

Mecanismo que permite el intercambio de objetivos en una cámara. Hay dos tipos básicos: a rosca y a bayoneta. El primero, como su nombre indica, no es más que un sistema de tuerca y tornillo: la tuerca es la cámara y el tornillo el objetivo. En el segundo, el objetivo lleva unos salientes (bayonetas) que encajan en las aberturas de un reborde de la cámara; basta ahora un pequeño giro para que el objetivo quede perfectamente fijo al cuerpo. La bayoneta ha sustituido casi por completo a la rosca, ya que el cierre es mucho más rápido y admite con más facilidad la instalación de las complejas conexiones necesarias para transmitir la información del objetivo a la cámara en los actuales aparatos electrónicos. Una ventaja de la rosca es que es universal, al contrario que las monturas a bayoneta, que salvo la excepción indicada más abajo, son específicas de cada marca y, por tanto, no permiten el intercambio de ópticas y accesorios entre unas y otras; es decir, todas las monturas de rosca son iguales.

A la rosca se le llama también montura Pentax y montura Praktica, por las dos marcas que más la han usado.

Pentax también ha diseñado la montura a bayoneta más conocida (la montura K) usada por Chinon, Cosina, Rich y otras marcas de primera línea.

Los fabricantes de objetivos independientes comercializan sus productos con varias monturas opcionales; además hay adaptadores que permiten montar casi cualquier objetivo en casi cualquier cámara.

Mosaico

Montaje de varias copias que forman entre todas una sola imagen. Se usan en fotografía aérea, cartografía y tomas panorámicas.

Motor de arrastre

Motor alimentado con pilas que pasa la película y tensa el obturador después de cada exposición. Se fabrican en dos modalidades no muy estrictamente diferenciadas: lo que a veces se llama pasapelícula (autowinder) es, estrictamente hablando, un motor que se limita a pasar la película tras la exposición; no sirve para rebobinar ni funciona a secuencias rápidas continuas. El motor propiamente dicho es más potente, y además del funcionamiento usual foto a foto, es capaz de disparar continuamente el obturador a cadencias de hasta 5 ó 6 imágenes por segundo y además rebobina la película al terminarla. Sin embargo, casi todos los dispositivos comercializados actualmente como pasa películas, para cámara de 35 mm. son en realidad motores un poco menos potentes y bastante más pequeños y baratos que los ya descritos y capaces de fotografiar a cadencias de hasta dos imágenes por segundo y rebobinar la película. Casi todas las actuales cámaras SLR de 35 mm. disponen entre sus accesorios de pasa películas o de motores o de las dos cosas; hay también algunas SLR de formato mediano que disponen de pasa películas, mecanismo que incorporan permanentemente algunos modelos de este formato y del anterior. También dispone de pasa película la Pentax SLR de formato 110 y la Leica M4-2 de telémetro. En su gran mayoría se acoplan a la base de la cámara y casi nunca sirven para más de una marca, ni tan siquiera para modelos diferentes de la misma marca. Los motores, muy utilizados en fotografía deportiva y de acción, son muchos más caros que los pasa películas y las cámaras para lo que están diseñados han de ser bastante más robustas (más "profesionales") que las que sólo aceptan un pasa película para poder soportar el esfuerzo de la fotografía a gran velocidad. Casi todos los motores tienen una cadencia máxima de 5 ips, salvo el Nikon que alcanza las 6 ips con el espejo subido. Con cámaras especiales como la Nikon F2H, se llega hasta las 9 ips. Como un motor a 5 ips termina una película de 36 exposiciones en diez segundos escasos, el motor suele usarse con un chasis para 250 ó 750 exposiciones. El dosímetro y el intervalómetro son otros accesorios cuyo uso implica el de un motor.

Movimiento de la cámara

El producido accidentalmente durante la exposición y que emborrona más o menos completamente la imagen. Las dos causas más importantes son: pulsar el disparador con demasiada energía y sujetar la cámara a pulso a velocidad de obturación baja. El trípode y el cable de disparo solucionan el problema, salvo que se esté fotografiando en un lugar sometido a intensa vibración, como el suelo de una factoría industrial. La velocidad de obturación más baja a la que puede utilizarse a mano una cámara con cierta seguridad depende de muchos factores, como el peso, la suavidad del disparador y el pulso del fotógrafo (hay quien puede fotografiar sin trípode hasta 1/8 s). Las cámaras no réflex son un poco menos sensibles al movimiento que las SLR, porque no tienen espejo y no sufren las vibraciones asociadas a su funcionamiento. Los objetivos largos y pesados hacen más probable el movimiento y amplifican sus efectos. Es también difícil disparar desde un vehículo en marcha sin mover la cámara. El movimiento incontrolado es probablemente la causa más frecuente de fotografías estropeadas, aunque puede utilizarse también con fines creativos (caso en el que deja de ser incontrolado.

Movimientos de la cámara

Conjunto de dispositivos mecánicos presentes sobre todo en cámaras de gran formato que permiten alterar las posiciones relativas del objetivo y la película. Permiten aumentarla profundidad de campo en campos específicos y corregir o provocar deformaciones (así, la corrección de la convergencia de verticales en arquitectura). Los objetivos descentrables de las cámaras SLR permiten también movimientos, aunque limitados.

MQ/PQ, Reveladores

Reveladores que utilizan una combinación de metol e hidroquinona o de Fenidona e hidroquinona, respectivamente.

Son productos de tipo general que dan negros fuertes y tonos cálidos en las películas y en los papeles al bromuro.

Muare

Efecto producido por superposición ligeramente fuera de registro de dos o más tramas. El emparedado es una técnica muy apropiada para crearlo.

Muescas

Especie de dientes recortados en el borde de las películas en hojas para indicar el lado de la emulsión: con la hoja de película en vertical, si las muescas están en el ángulo superior izquierdo, la cara que mira al manipulador es la que no corresponde a la emulsión. La forma de las muescas indica el tipo de película.

Multimodal, Cámara

Cámara SLR que permite tres o más modalidades de control de la exposición. Las más frecuentes son: manual, prioridad a la abertura y al obturador y exposición programada (véase exposición automática). Estas cámaras se caracterizan por una complicada instalación electrónica y constituyen una innovación reciente (la primera en aparecer, la Minolta XD7, se comercializó en 1977). La Canon A1, presentada en 1978, es la que ofrece más modalidades: a las cuatro mencionadas arriba hay que añadir el automatismo con flash y la prioridad de la abertura a diafragma de trabajo, útil en fotomacrografía. Aunque estas cámaras son relativamente caras, su versatilidad las ha hecho muy populares.

Munsell, Sistema de

Sistema de clasificación y especificación de los colores publicado por el científico estadounidense Albert Munsell en 1915 en su libro Atlas of the Munsell Color System (Atlas del sistema de color Munsell). Su clasificación tiene en cuenta tres factores: tinte (la longitud de onda dominante del color y la cualidad que lo distingue de los demás, es decir, lo que distingue, por ejemplo, lo rojo de lo azul); valor (claridad u oscuridad), y croma (intensidad o pureza, es decir la no desaturación por incorporación de blanco y la no degradación por adición del negro). Teóricamente basta dar el valor de estas tres variables para especificar cualquier color; en la práctica el sistema lo usan sobre todo los fabricantes de pinturas, que utilizan las muestras publicadas por su autor como punto de referencia.

Nanómetro (nm)

Milmillonésima parte del metro. Se emplea como medida de las longitudes de onda de la radiación electromagnética. En el contexto fotográfico tiende a sustituir al Angstrom, equivalente a la décima parte del nanómetro.

Negativo

Imagen fotográfica en la que las luces aparecen en tonos oscuros y las sombras en tonos claros.

La luz reflejada por el motivo hace que, después del revelado, los haluros de plata ennegrezcan en mayor o menor medida, de forma que, a mayor intensidad luminosa, mayor oscurecimiento de las sales de plata; las zonas que reflejan poca luz o ninguna se convierten en las partes claras o transparentes de la emulsión.

En color, además de esta inversión tonal, se produce una inversión cromática, y cada color aparece representado por su complementario.

A partir de un negativo se obtiene un positivo proyectando aquel en un segundo material fotográfico, por lo general un papel.

Normal, Objetivo

Aquel cuya longitud focal es aproximadamente igual a la diagonal del formato que cubre. Da un ángulo de toma muy similar al de la visión humana normal. En el formato 35 mm. son normales los objetivos de focales comprendidas entre aproximadamente 45 y 55 mm, en realidad un poco más largos que la diagonal del negativo (cerca de 43 mm). El objetivo normal para una cámara 110 tiene unos 24 mm, unos 80 mm el de una de formato mediano y en torno a 180 mm una de gran formato de 9 x 12 cm.

Número guía

Indicación de la potencia de un flash que permite calcular la abertura correcta en función de la distancia al motivo. El número guía dividido por la distancia da la abertura que debe emplearse. Junto al número guía se especifica siempre la sensibilidad a la que se ha obtenido ya que depende de ella.

Número de lote

Cifra grabada en los envases de material fotográfico para identificar la cochura a la que pertenece la emulsión. Es una información importante porque entre unos lotes y otros de la misma emulsión hay ligeras variaciones de contraste y sensibilidad. En el papel de positivado color cambian también las recomendaciones de filtración, cosa que hay que tener en cuenta si a mitad de una sesión en el laboratorio se cambia de caja.

Objetivo

Una sola lente no puede producir una imagen de calidad aceptable en fotografía y los diseñadores de objetivos han tratado siempre de combinar varias (elementos) con el fin de reducir las aberraciones al mínimo. Un objetivo normal para una cámara de 35 mm. tiene por lo general en torno a seis elementos, mientras que un zoom puede tener bastante más de una docena. Los cálculos necesarios para determinar las curvaturas de las superficies de vidrio exigen dibujar la trayectoria de miles de rayos luminosos imaginarios a través de los elementos. Actualmente esto se hace con ayuda de un ordenador, pero hasta hace no muchos años no había más remedio que trabajar a mano; se dice que el matemático Josef Petzval, que en 1840 diseñó el prestigioso objetivo que lleva su nombre (y que, además, fue el primero en diseñarse en el actual sentido del término, es decir, científicamente, y no por ensayo o error) contó con los servicios de una compañía militar de ingeniería para realizar sus cálculos. El pulimento de las lentes debe también hacerse con la máxima precisión para garantizar un rendimiento óptico máximo. Al evaluar la calidad de un objetivo se tienen en cuenta muy diversos factores, lo que explica por qué la prueba de una misma óptica por revistas fotográficas diferentes arroja con frecuencia resultados tan disímiles. Las variables que habitualmente se tienen en cuenta son: poder de resolución, grado de contraste y equilibrio entre aberraciones. Un objetivo con buen contraste puede formar una imagen que, subjetivamente, parezca más nítida que la formada por otro de más poder de resolución, pero menos contraste.

Obturador

Dispositivo mecánico que determina el tiempo de exposición de la película a la luz. Hay dos tipos básicos: central (también llamado de laminillas) y de plano focal. El obturador central va montado en el interior del cuerpo del objetivo, cerca del diafragma y está constituido por una serie de finas laminillas metálicas que se abren súbitamente al accionar el disparador y se vuelven a cerrar cuando ha pasado el tiempo previsto. El obturador de plano focal va instalado en el cuerpo de la cámara, un poco por delante del plano focal, y es un sistema de cortinillas de tela o metal que se desplazan ante la imagen horizontal o verticalmente dejando entre las dos una rendija cuya anchura y velocidad determinan el tiempo de exposición. Ambos tienen sus ventajas y sus inconvenientes. El diseño de plano focal tapa la película entre exposiciones, lo que permite a la luz atravesar el negativo y hace a este obturador muy adecuado para una cámara réflex de un solo objetivo; como la película queda protegida, el objetivo puede cambiarse en cualquier momento. El obturador central es más caro de fabricar (y además hay que montar uno en cada objetivo) pero más silencioso, suave y fiable que el de plano focal. El obturador central expone toda la película de una vez y, por tanto, puede sincronizarse con el flash a cualquier velocidad. El de plano focal, por el contrario, sincroniza a velocidades más bien bajas (por lo general 1/60 ó 1/125 s), porque tiene que estar completamente abierto para que las cortinillas no tapen ninguna parte de la película durante el destello del flash. La imagen de un objeto animado de movimiento rápido se desplazará ligera pero apreciablemente sobre la película mientras lo hacen también las cortinillas del obturador, y ello da lugar, según las direcciones y velocidades relativas de los movimientos de la imagen y las cortinillas, a distintos grados de distorsión. Los obturadores centrales tienen una velocidad máxima de casi siempre 1/500 s, mientras que los de plano focal llegan a 1/1000 y 1/2000 s. Para lograr velocidades más altas hay que recurrir a obturadores especiales, como la célula de Kerr, usada en fotografía científica, que hace exposiciones de menos de una millonésima de segundo. Consiste en dos filtros polarizadores montados en los dos lados opuestos de un recipiente de vidrio lleno de nitrobenceno; los dos filtros polarizadores están dispuestos con sus planos de polarización perpendiculares, de forma que cuando se emite un haz de luz polarizada atraviesa el primer filtro y el recipiente, pero no el segundo; si en estas condiciones se somete el nitrobenceno a la acción de una corriente eléctrica, el plano de polarización de la luz gira en su interior y puede atravesar el segundo filtro; por tanto, al no tener partes móviles, la velocidad del obturador es función de la velocidad de pase de la corriente eléctrica, generada en forma de impulso muy breve por un condensador. Si la célula de Kerr se somete a la acción de un campo eléctrico oscilante de alta frecuencia, abrirá y cerrará el paso a la luz varios millones de veces por segundo.

Ojo de pez, Objetivo

Gran angular extremo con un ángulo de toma de 180° y a veces más. Forma una imagen muy distorsionada, circular, cortada por el formato de la película a un rectángulo o un cuadrado salvo en los objetivos más extremos, en los que conserva la forma circular. La zona central de la imagen aparece muy ampliada, sobre todo si el motivo se ha fotografiado a corta distancia, y el resto retrocede hacia los bordes, más o menos como ocurre en un espejo convexo. Algunos ojos de pez menos extremos están corregidos y registran como rectas las rectas del motivo. Como su profundidad de campo es enorme, estos objetivos no necesitan mando de enfoque. Hay accesorios ojos de pez para objetivos normales más baratos que los auténticos ojos de pez, aunque también producen resultados de calidad bastante baja y deben usarse a aberturas reducidas. Un dispositivo parecido es el llamado ojo de ave, un tubo transparente que sujeta ante el objetivo un esférico en el que se reflejan la cámara, el fotógrafo y todo lo que hay tras ellos con deformaciones parecidas a las que introduce un ojo de pez.

Ojos rojos

Cuando el flash está cerca del objetivo y más o menos al nivel de los ojos del sujeto, éstos aparecen rojos. La causa está en el reflejo directo de la luz en los abundantes vasos sanguíneos del fondo del ojo. En blanco y negro las pupilas quedan anormalmente claras. Para evitar el fenómeno, basta hacer que el sujeto no mire directamente a la cámara o separar el flash de ésta.

Opacidad

Capacidad de obstruir el paso a la luz de un material. Cuanta mayor proporción de luz tenga, tanto más opaco será.

En fotografía, la opacidad se expresa como relación entre luz incidente y luz transmitida; un material que transmita la mitad de la luz que recibe se dice que tiene una opacidad de 2, de 3 si transmite un tercio, etcétera.

Opal, Vidrio

Vidrio traslúcido blanco que se usa sobre todo como difusor en ampliadoras y en negatoscopios y visores de diapositivas.

Ortocromática

Emulsión en blanco y negro sensible al azul y verde pero no al rojo ni al naranja. En el siglo XIX, todas las emulsiones bien ortocromáticas, bien "corrientes", es decir, sensibles sólo a la región azul del espectro. Las primeras placas pancromáticas aparecieron a principios del siglo XIX, gracias al trabajo de químicos como Benno Homolka, que descubrió la capacidad sensibilizadora al rojo del pigmento pinacianol en 1904.

Ostwald, Sistema de

Sistema de clasificación de los colores ideado por el químico alemán Wilhelm Ostwald y publicado por el mismo durante la Primera Guerra Mundial. Es parecido al de Munsell y organiza los colores en función de su contenido en blanco o negro y de su saturación.

Pancromática

Emulsión fotográfica en blanco y negro sensible a todos los colores visibles (aunque no necesariamente de forma uniforme). Estas emulsiones deben su amplio espectro de sensibilidad al empleo de pigmentos. Véase ortocromática.

Panorámica, Cámara

Cámara que durante la exposición describe un arco (toda entera o sólo el objetivo) para impresionar una larga tira de película que va recibiendo por partes una escena muy amplia. El objetivo cubre por lo general un ángulo de toma bastante limitado. La película pasa por detrás de un tambor curvo y se expone a través de una rendija móvil. Una cámara de estas características pude cubrir hasta 360°, aunque casi siempre se emplean para fotografiar grupos muy extensos; para ello se organiza al grupo sobre una curva cóncava, que, si se corresponde con cierta precisión con la curva de la película en el interior de la cámara, aparecerá, en la fotografía final como una recta; eso sí, si tras el grupo hay, por ejemplo, un edificio, su fachada adoptará una forma convexa.

Pantalla

Superficie plana adecuada para recibir la proyección de una imagen fotográfica. Tienen por lo general una superficie o mate o recubierta de pequeños cristales y se construyen en tela o plástico. Naturalmente, una pared blanca, lisa y limpia sirve también como pantalla.

Pantalla de enfoque

Pantalla de vidrio o plástico que en ciertas cámaras sirve para ver y enfocar la imagen que forma el objetivo. En cámaras de gran formato es casi siempre de cristal deslustrado. La usada en cámaras SLR incorpora normalmente una lente de Fresnel y algunos dispositivos para facilitar el enfoque, típicamente un anillo de microprismas o un telémetro de imagen partida o las dos cosas. En algunas es intercambiable, lo que permite utilizar siempre la más adecuada en campos especializados o la que más cómoda resulte al fotógrafo. Así, una pantalla con una cuadrícula grabada es muy útil en arquitectura, porque facilita el encuadre de los elementos verticales y horizontales.

Paño de enfoque

Paño de un género opaco que se usa en cámaras de gran formato para facilitar el enfoque. Para ello el fotógrafo se lo hecha sobre la cabeza y los hombros, de manera que impida la llegada de la luz exterior a la pantalla de enfoque, que ofrece así la imagen más luminosa posible.

Paralaje

Desplazamiento aparente de un objeto al cambiar de punto de vista.

En fotografía, la expresión error de paralaje se usa para referirse a la discrepancia entre la imagen de un motivo observada por el visor y la registrada en la película cuando el visor es independiente del objetivo y está separado de él, por lo que ve al motivo bajo un punto de vista ligeramente diferente (es lo que ocurre, por ejemplo, en las cámaras de 35 mm no réflex y en las réflex de dos objetivos).

Este error de paralaje suele hacerse manifiesto a distancias inferiores a unos 2 m aproximadamente (depende de la longitud focal del objetivo empleado), situación en la que es necesario introducir algún tipo de corrección.

Para ello, las cámaras no réflex suelen tener unas líneas en el visor que señalan la reducción del campo a poca distancia; en algunas TLR estas líneas son sustituidas por una barra o una cortinilla que se desplaza sobre la pantalla de enfoque y señala la parte del campo cortada a las distintas distancias.

En estas cámaras también se compensa el paralaje levantándolas, tras encuadrar y enfocar, a una altura igual a la distancia que separa los dos objetivos; esta corrección puede hacerse midiendo dicha distancia o, si hace falta una exactitud mayor, con ayuda de un sencillo accesorio de Mamiya llamado Paramender, que se monta entre la cámara y el trípode.

En todo caso, la única forma de hacer primeros planos encuadrados con exactitud es utilizar una SLR o una cámara de gran formato, que presentan en sus pantallas de enfoque exactamente la misma imagen que aparecerá en la película y que, por tanto, están libres de error de paralaje.

Parasol

Sencillo accesorio para el objetivo, por lo general de goma o metal, que lo protege de la luz procedente de fuera del campo de visión y que constituye una de las más importantes causas de flare. Cada longitud focal exige un parasol particular, de ángulo ligeramente mayor que el del objetivo. Naturalmente el parasol de un tele cortaría por los bordes la imagen formada por un objetivo gran angular o normal; en general, cuanto menor sea la longitud focal, tanto menor deberá ser la profundidad del parasol.

Paro, Baño de

Solución ácida débil usada durante el procesado entre el revelador y el fijador para interrumpir completamente la acción del primero y al mismo tiempo neutralizar su alcalinidad para evitar así que disminuya la acidez del fijador. Algunos baños de paro incorporan un indicador que cambian de color cuando se agota.

Película

Material sensible que adopta la forma de una emulsión extendida sobre un soporte sensible, por lo general de acetato de celulosa o plástico, y varias capas más cuya función primordial es proteger la emulsión. Las películas en blanco y negro sólo tienen una capa de emulsión, mientras que las de color tienen tres superpuestas. La película negativa en color, cuyo fin es servir para la obtención de copias, registra los colores del negativo como complementarios para que reviertan tras el positivado a los de partida. La película en color invertible produce directamente un positivo (por lo general en forma de diapositiva transparente) por medio de un proceso de inversión. Las películas se fabrican en varios tipos y tamaños. Las cámaras de gran formato se cargan con hojas sueltas de película de hasta 10 x 8 pulgadas (25,4 x 20,3 cm.); casi todas las demás cámaras emplean película continua en rollos para hasta 72 o más exposiciones. Esta clase de película se envasa básicamente de tres formas: 1) En cartuchos de plástico que simplemente se meten dentro de la cámara; no es necesario enhebrar ni ninguna otra operación. Únicamente se emplean en los formatos más pequeños -110 (13 x17 mm) y 126 (28 x 28 mm)- y en cámaras de visor muy elementales. Hay que decir aquí que los números empleados como clave de los diferentes tamaños de película -10, 126, 135, etc.- son arbitrarios y no guardan ninguna relación entre sí. 2) Chasis de metal o plástico con una ranura protegida por un material parecido al terciopelo que impide la entrada de luz; del recipiente sale una cola de película que se enhebra en el carrete receptor de la cámara; una vez terminada la película y antes de extraerla de aquella, se rebobina de nuevo en el chasis.

Este tipo de envase se emplea sólo para película de 35 mm (24 x 36 mm) que, debido a la popularidad de las cámaras para dicho formato (entre las que se cuentan la mayor parte de las SLR), se fabrica en más variantes y tipos que ninguna otra. Se comercializa además en latas de 30 m para cargar chasis o para emplear en respaldos especiales para 250 y hasta 750 exposiciones. 3) En rollos de película protegidos por un papel opaco negro.

De esta forma se vende la película para cámaras de formato mediano; los rollos tienen siempre la misma anchura -6 cm- y diferentes longitudes; según la cámara, el formato del negativo es 4,5 x 6 cm, 6 x 6 cm, 6 x 7 cm ó 6 x 9 cm.

Pentaprisma

Prisma de cinco caras que forma parte del visor a nivel del ojo de las cámaras SLR y sirve para corregir la inversión lateral de la imagen (que el espejo ya ha colocado boca arriba). Muchos tienen más de cinco caras -por lo general ocho- que resultan de cortas las partes innecesarias del prisma para reducir su tamaño.

Perforaciones

Taladros rectangulares dispuestos regularmente a lo largo del borde de la película de 35 mm y otros formatos menores y en los que enganchan los dientes que la arrastran.

Permanencia

Resistencia al desvanecimiento de la imagen fotográfica cuando se expone a la luz y a otros agentes atmosféricos. Queda determinada básicamente por la efectividad del procesado y, en color, además por la estabilidad de los pigmentos empleados en la emulsión. El revelado y el fijado deben ir seguidos por un lavado a fondo que elimine lo más completamente posible todos los restos de compuestos de plata que pudieran afectar a la imagen. Si, por ejemplo, quedan trazas de hipo en la copia, se descompondrán con el tiempo para formar sulfuro de plata, que blanquea la copia o le da un tono sepia débil; la mayor parte de los agentes fijadores reaccionan de la misma forma. Si las copias se montan, el procedimiento que mejor asegura la permanencia es el montaje en seco, porque no introduce compuestos potencialmente perjudiciales, al contrario de la mayor parte de pegamentos. Si se procesan y archivan bien (en un lugar seco y bien ventilado y en recipientes de metal mejor que de madera), los materiales fotográficos en blanco y negro permanecen en buenas condiciones casi indefinidamente. No obstante, el material de archivo (microfilm) y los documentos muy valiosos se almacenan en un ambiente muy controlado, si es preciso a humedad y temperatura constantes y con aire filtrado y purificado de componentes ácidos. Los materiales en color son menos permanentes y se muestran particularmente sensibles a la luz solar directa, como se observa fácilmente en las fotografías expuestas en escaparates o en las carteleras de los cines. Para prolongar al máximo la permanencia de estos materiales, deben guardarse en un lugar refrigerado o en forma de negativos de separación. Con fines de archivo, es posible que la cinta de video color sustituya a los soportes fotográficos.

Perspectiva

Recreación en una superficie bidimensional de la ilusión de profundidad del espacio real tridimensional. En fotografía, los elementos más importantes de la perspectiva son la disminución de tamaño y la convergencia de líneas con la distancia (perspectiva lineal), el soplamiento de los volúmenes y la modificación del color y el contraste con la distancia conocida como perspectiva atmosférica. El enfoque diferencial puede también sugerir profundidad. La elección del punto de toma es, por supuesto, un factor crucial en la determinación de la perspectiva de una fotografía. También es importante el objetivo: los teleobjetivos parecen comprimir los planos, mientras que los gran angulares provocan el efecto contrario. Los efectos de la perspectiva se controlan (o se exageran intencionadamente) modificando las posiciones relativas del objetivo y la película. Estos movimientos son característicos de las cámaras de gran formato, y, aunque mucho más limitados, los objetivos descentrables los hacen posibles en 35 mm y formato mediano.

Perspectiva atmosférica

Fenómeno debido a la presencia de calina en la atmósfera y que se manifiesta en el azuleamiento y la suavización de los contornos de las zonas más alejadas de un paisaje. Se debe a la dispersión de la luz de onda corta (azul), que se refracta y se refleja en las gotitas de humedad y las partículas de polvo en suspensión en la atmósfera. Sus efectos son a veces muy atractivos y siempre dan sensación de profundidad; pero cuando se desea una nitidez máxima constituye un estorbo que se neutraliza en parte con un filtro UV o skylight.

PH

Valor que indica el grado de acidez o alcalinidad de una solución y que se define como el logaritmo de la concentración de iones hidrógeno en gramos por litro. La escala de pH, que adscribe al agua el valor neutro 7, es la siguiente:

0-2 muy ácido

3-4 ácido

5-6 ligeramente ácido

7 neutro

8-9 ligeramente alcalino

10-11 alcalino

12-14 muy alcalino

En fotografía el pH cobra importancia sobre todo en relación con el revelador, que casi siempre funciona mejor en un medio alcalino.

Plano focal

Plano en el que el objetivo proyecta a foco la imagen del motivo. A efectos prácticos es el plano de la película.

Plano de la imagen

Sinónimo de Plano focal.

Plano de la película, Referencia del

Marca que en la parte superior del cuerpo de muchas cámaras señala el lugar del interior en que está situada la película. Es la referencia para tener en cuenta para hacer mediciones exactas en trabajo de acercamiento.

Plastificado, Papel (RC)

Papel fotográfico de positivado recubierto por una resina sintética que impide la absorción de líquidos durante el procesado. Como exigen mucho menos tiempo de lavado y secado, estos papeles se procesan más rápidamente que los convencionales. Además, los brillantes no necesitan esmaltado. Frente a estas evidentes ventajas de rapidez y comodidad, el papel plastificado es muy frágil, sobre todo cuando está mojado, y resulta difícil de retocar bien. Algunos fotógrafos consideran además que los negros son menos profundos que los del papel convencional de bromuro.

Plena abertura, Medición a

Sistema de exposición, ahora casi universal en las cámaras SLR, que mantiene el objetivo a su abertura máxima hasta un instante antes de la exposición, pero de forma que, gracias a una conexión mecánica o eléctrica, el exposímetro "sepa" la abertura elegida y haga la lectura en consecuencia. La ventaja de este procedimiento sobre el de la lectura a abertura de trabajo es que la pantalla de enfoque conserva en todo momento la máxima luminosidad posible a cualquier abertura elegida. El diafragma se cierra automáticamente a dicha abertura en el momento de pulsar el disparador. Cuando se mide a abertura de trabajo el diafragma se cierra realmente a la abertura escogida y la pantalla de enfoque se oscurece; en compensación el fotógrafo tiene en todo momento una idea aproximada de la profundidad de campo de que dispone.

Poder de cobertura

Área máxima del plano focal sobre la que el objetivo es capaz de formar una imagen de luminosidad y definición aceptables. La luminosidad disminuye progresivamente hacia los bordes de acuerdo con la ley del coseno mientras que la definición, a consecuencia de las aberraciones, disminuye bruscamente a partir de cierto punto, tanto más próximo al centro cuanto mayor sea la abertura. El poder de cobertura de un objetivo es por lo general sólo un poco mayor que el formato para el que está diseñado. Sin embargo, si ha de utilizarse en una cámara con movimientos debe tener un poder de cobertura muy superior, capaz de tolerar la desalineación con el plano de la película.

Poder de resolución

Capacidad de un sistema óptico para diferenciar entre dos puntos o líneas muy próximos. El poder de resolución de un objetivo (expresado en líneas por milímetro) se mide con ayuda de una carta de prueba, que no es sino una serie de dibujos y líneas de diferentes grosores. A la emulsión corresponde también un poder de resolución que, si es inferior al del objetivo, será causa del deterioro de la nitidez.

Polarizada, Luz

Luz que vibra en un solo plano. Las ondas luminosas no suelen estar polarizadas, de forma que la vibración electromagnética se produce en todos los planos; la luz polarizada, por el contrario, sigue una pauta de vibración regular y sencilla, lo que ha encontrado varias aplicaciones en óptica y fotografía. La luz (o parte de ella) se polariza de varias formas: cuando se refleja según cierto ángulo en superficies brillantes y pulidas no metálicas, como vidrio, agua o madera barnizada; cuando es dispersada por las diminutas partículas de gas y polvo de la atmósfera; y cuando atraviesa ciertos tipos de cristales traslúcidos. Los filtros polarizadores, que están formados por diminutos cristales con esta propiedad montados entre dos vidrios ópticos, encuentran varias aplicaciones en fotografía, de las que las más conocidas son el oscurecimiento del cielo azul, y la eliminación de reflejos de superficies no metálicas. Al eliminar los reflejos, lo que en realidad hace el filtro es cortar el paso a unos rayos luminosos que ya habían sido polarizados y darlo a los que no lo habían sido. El filtro tiene un plano de polarización específico y basta girarlo para controlar la proporción de luz a la que se da paso; las variaciones posibles crecen si se combinan dos filtros, que interrumpirán por completo el paso de la luz cuando sus planos de polarización sean perpendiculares (este fenómeno fue observado por vez primera en el siglo XVII por el científico holandés Christian Huygens, que descubrió que si los cristales de ciertos minerales se colocaban con sus ejes longitudinales perpendiculares impedían el paso de la luz). Esta combinación de dos filtros polarizadores puede, pues, utilizarse a modo de filtro gris de densidad variable. En mineralogía y microscopía se emplean mucho los pares de filtros polarizadores, porque hay ciertos cristales que a la luz normal son indistinguibles, pero muy diferentes a la polarizada, lo que permite descubrirlos manipulando los filtros; además de su utilidad científica, este procedimiento da lugar a imágenes de asombrosa belleza.

Polaroid, Cámara

Cámara que produce fotografías más o menos al instante con una película que incorpora los compuestos de procesado y el papel. Tras la exposición, la película sale de la cámara entre un par de rodillos que rompen unas ampollas llenas de una pasta procesadora y extienden su contenido. El revelado tarda a partir de ese momento entre diez segundos y un minuto. Aunque esta clase cámaras y películas se asocia con las típicas fotografías familiares de recuerdo, la película Polaroid resulta utilísima en el estudio, ya que permite estudiar al instante el resultado de la exposición y la iluminación antes de hacer la toma definitiva en película normal. Hay respaldos Polaroid para varias cámaras de mediano y gran formato y para la Olymous OM-2 de 35 mm. Además, Polaroid comercializa una cámara "profesional" la 600SE, del tipo llamado "de prensa", con objetivos intercambiables; da copias de 4 1/4 x 3

1/4 pulgadas (10,6 x 8,1 cm) con un área de imagen de aproximadamente 9,3 x 7,5 cm. Hay varios tipos de película Polaroid, tanto en blanco y negro como color, y, con una sola excepción, sólo dan positivo, si negativo utilizable, por lo que la única forma de hacer copias es por reproducción y obtención de un negativo intermedio convencional. La excepción es la película 665, en blanco y negro, que da a la vez un positivo y un negativo. La conocida SX-70, también de Polaroid, permite crear interesantes efectos especiales rayándola o calentándola, por ejemplo (se ha publicado un libro al respecto). Además de Polaroid, fabrican películas y cámaras para fotografía instantánea Kodak y Fuji, aunque sus productos son incompatibles.

Portanegativos

Bastidor que sujeta el negativo o la diapositiva en la ampliadora, situado entre la fuente luminosa y el objetivo.

Las películas flexibles de formatos grande y mediano deben sujetarse entre dos cristales para que queden planas; las de 35 mm y formatos menores se mantienen planas sin necesidad de cristales.

Posterización

Simplificación drástica de los tonos de la imagen que se consigue utilizando varios negativos de un mismo original con diferentes grados de densidad y contraste y positivándolos luego a registro.

La técnica debe su nombre a que, aprovechando el elevado contraste de la película lith, permite crear efectos parecidos a los asociados a los carteles de formas destacadas y colores sólidos de la década de 1930.

El proceso deja amplio espacio a la experimentación.

Potasa cáustica

Compuesto muy alcalino que se usa en algunos reveladores para acelerar su acción.

Prevelado

Técnica de positivado que consiste en dar al papel una exposición suplementaria "de velado" sin negativo.

Esta exposición puede darse a todo el positivo o sólo a una parte para hacer, por ejemplo, una viñeta negra.

Primarios, Colores

En la síntesis aditiva del color, el azul, el verde y el rojo. La combinación en proporciones adecuadas de luces de estos tres colores permite obtener el blanco y cualquier otro.

Procesado rápido

Conjunto de técnicas de procesado que permiten acortar considerablemente el tiempo normal de revelado y fijado. En periódicos y agencias de prensa, por ejemplo, es normal necesitar copias con urgencia y los técnicos de laboratorio consiguen negativos y positivos casi instantáneos y de bastante calidad. Algunos utilizan reveladores como el Autophen, de Ilford (empleado en máquinas procesadoras), el ID-11 o el Finofén calentados hasta una temperatura justamente inferior a la que haría muy probable la formación de velo químico. De esta forma los negativos se revelan en veinte segundos, se fijan en dos minutos con un fijador rápido y se secan en otros dos minutos: total, menos de cinco minutos. Los reveladores mono baño, que incorporan el agente fijador, revelan y fijan una película en tres minutos sin necesidad de sacarla del chasis; sin embargo, en este caso las copias pueden carecer de contraste a causa del velo.

Profundidad de campo

Zona de nitidez aceptable que se extiende por delante y por detrás del punto del motivo sobre el que se ha enfocado exactamente el objetivo. Varía con: 1) la distancia de enfoque: a mayor distancia, mayor profundidad de campo; 2) la abertura: a mayor abertura, menor profundidad de campo; 3) la longitud focal del objetivo: a mayor longitud focal, menor profundidad de campo. La zona de nitidez situada detrás del punto de enfoque es mayor que la situada por delante. Su valor se puede calcular de varias formas, y la mayor parte de los objetivos llevan una escala que la indica en función de la distancia y la abertura. Muchas de las actuales cámaras SLR con medición a plena abertura disponen además de un pulsador de previsualización de la profundidad de campo que cierra el diafragma a la abertura seleccionada y permite examinar en la pantalla de enfoque dicha variable. Las SLR que miden a abertura de trabajo dan en todo momento la profundidad de campo, aunque con el inconveniente del oscurecimiento de la pantalla de enfoque conforme se cierra el diafragma. El control de la profundidad de campo es una de las armas más útiles del arsenal del fotógrafo, que debe aprender a usarla correctamente; piénsese, por ejemplo, en que la gran profundidad conveniente en la toma del interior de un edificio resultaría fuera de lugar en un retrato romántico. Quizá la aplicación más inmediata de su control sea la eliminación de fondos o primeros planos innecesarios; así, cuando se fotografían animales en un zoológico, una adecuada combinación de abertura y distancia hará desaparecer los barrotes de la jaula.

Profundidad de foco

Estrecha zona situada en el lado de la imagen del objetivo dentro de la cual puede desplazarse hacia adelante y hacia atrás la película sin diferencia apreciable en la nitidez. Como en el caso de la profundidad de campo, aumenta al reducir la abertura, mientras que los efectos de la distancia al motivo y la longitud focal son los contrarios: la profundidad de foco es tanto mayor cuanto más cerca del sujeto está el objetivo y cuanto mayor es la longitud focal de éste. Además, se prolonga en la misma medida por delante que por detrás del punto exacto de foco. De su valor depende el grado de exactitud con que la película debe colocarse en el interior de la cámara, por lo que esta variable afecta al diseñador y al constructor de esta más que al fotógrafo.

Protectora, Capa

Capa exterior de gelatina endurecida que se aplica a papeles y películas para mejorar su resistencia a la abrasión.

Proyector

Aparato que forma una imagen sobre una pantalla a partir de una diapositiva. El sistema consta de una lámpara (por lo general de filamento de tungsteno), un condensador, un ventilador eléctrico, un portadiapositivas y un objetivo. Puede además disponer de un almacén o carro para la carga y cambio rápidos, de un mando de control remoto y, a veces, hasta de un sistema de programación de la proyección. Es cada vez más frecuente el enfoque automático, que en el caso de los proyectores detecta el abombamiento debido al calor de la diapositiva y corrige el foco para compensarlo; en los diseños más modernos ni siquiera hay que enfocar al principio de la sesión de proyección, ya que disponen de un mecanismo de enfoque automático completo parecido al de las cámaras. La mayor parte están diseñados para proyectar diapositivas de 35 mm montadas en marquitos de 5 x 5 cm (estos mismos marquitos se usan para montar las diapositivas de medio formato). Hay también proyectores para los formatos 110, 126 y 6 x 6 cm, y algunos de 35 mm aceptan además formatos menores. Casi todos deben utilizarse para proyectar en un recinto oscurecido, aunque hay modelos portátiles que proyectan la imagen en una pequeña pantalla visible también en un lugar iluminado.

Punteado

Técnica de retoque de copias y negativos que consiste en aplicar pequeños puntitos de pigmento.

Punto focal

Punto en el que convergen, tras haber atravesado el objetivo, los rayos luminosos procedentes de un punto determinado del sujeto.

Punto nodal

Punto, en realidad pareja de puntos, situado en el eje óptico de un objetivo compuesto que sirve de referencia para mediciones básicas, como la longitud focal.

La luz que llega a un objetivo según un ángulo específico suele salir de él a otro ángulo diferente. Pero hay dos puntos en el eje tales un rayo que entre por el primero de ellos saldrá por el otro según el mismo ángulo: son los puntos nodales.

Puntual, Fuente luminosa

Se considera así a cierto tipo de lámpara de arco usada en ampliadoras y proyectores.

La corriente del arco, producida por vapor de mercurio, salta entre dos filamentos o electrodos de tungsteno que se calientan hasta la incandescencia y emiten un haz luminoso muy potente y concentrado.

Rapidez

En fotografía se usa este término para hacer referencia a la sensibilidad de la película y a la abertura máxima de un objetivo.

Rayos gamma

Emisión de los materiales radiactivos, similar a los rayos X pero de menor longitud de onda y mayor poder de penetración. Se emplea en la industria de forma muy parecida a los rayos X en medicina.

Rayos x

Radiación electromagnética de la región del espectro comprendida entre los 0,0001 y los 10 nm de longitud de onda. Son, pues, de menor longitud que la radiación ultravioleta y visible y mayor que los rayos gamma. Se conoce también como rayos Röntgen, por el físico alemán Wilhelm Röntgen, que los descubrió en 1895, aunque él mismo les dio el nombre de rayos X para referirse a su naturaleza desconocida. Como la luz, pueden reflejarse, difractarse y polarizarse, y como la radiación ultravioleta generan fluorescencia en ciertas sustancias. Pero su propiedad más importante es la capacidad de penetración de los cuerpos opacos. El grado de penetración depende de la densidad del material y de la longitud de onda exacta de la radiación X: a menor longitud de onda, mayor poder de penetración. Esta propiedad de penetración hace a los rayos X útiles en la industria y la investigación, y sobre todo en medicina, su aplicación más conocida. La radiación X "blanda" (de onda larga) empleada para este fin se registra sobre una película especial, por lo general con una emulsión de grano grueso a cada lado del soporte, para así aumentar la sensibilidad y recoger la radiación que haya atravesado la primera capa de la película. Actualmente se investiga en la búsqueda de un procedimiento que permita transformar las imágenes radiográficas convencionales en información electrónica que pueda almacenarse en un procesador de imágenes y estudiarse en un monitor de televisión cuando sea necesario; las películas para rayos X son voluminosas y muy caras, por su elevado contenido en plata, por lo que una técnica como la expuesta ahorraría dinero y espacio, aunque su interés se centra sobre todo en la posibilidad de manipular la imagen electrónica para mejorar el detalle en ciertas zonas y hacer el diagnóstico más exactos. Como los rayos X afectan a las películas normales, hay que tener cuidado con los detectores de armas en los aeropuertos, capaces de velar hasta las películas cargadas en chasis metálicos; Hay bolsas especiales forradas de plomo muy seguras, aunque lo más fácil es llevar las películas en la mano, en una bolsa de plástico transparente que pueda inspeccionarse visualmente.

Rebotado, Flash

El dirigido hacia el techo, una pared o cualquier otra superficie reflectante con el fin de suavizar la calidad de la luz. Esta técnica reduce la potencia real del flash, ya que parte de la luz es absorbida por la superficie de rebote y, además, el destello debe recorrer una distancia mayor para llegar al motivo. Se usa mucho en retrato, para evitar la dureza excesiva del flash directo y los ojos rojos. El color de la superficie de reflexión teñirá la luz del flash, por lo que, salvo que se busque precisamente ese efecto, deben emplearse sólo techos o paredes blancos.

Reciprocidad, Ley de

Ley que establece que la densidad de una imagen revelada es directamente proporcional al tiempo de exposición y a la intensidad de la luz. Sin embargo, cuando el tiempo de exposición es extremadamente breve o la intensidad de la luz inusual, la ley deja de cumplirse y los resultados son impredecibles; es lo que se conoce como fallo de la ley de reciprocidad. En fotografía en color, la no reciprocidad provoca dominantes que, en cierta medida, pueden corregirse con filtros si se conocen las características de la película. Véase también, intermitencia, efecto de.

Recubierto, Objetivo

Aquel cuyas superficies de contacto aire-vidrio han sido tratadas con una capa antirreflejos de fluoruro de magnesio u otro compuesto similar para reducir el flare y mejorar la transmisión luminosa. Casi todos los objetivos modernos llevan un recubrimiento múltiple.

Reductor

Agente químico utilizado para eliminar la plata de un negativo o una copia y reducir así su densidad. No debe confundirse con el reductor empleado para transformar los haluros de plata expuestos de una emulsión en plata metálica.

Reflector

Cualquier material capaz de reflejar la luz. En fotografía suele entenderse por reflector una superficie plana de color blanco, gris o plateado que se emplea para iluminar las sombras. Los reflectores de las luces suelen ser espejos cóncavos poco profundos. Los flashes de estudio se utilizan casi siempre en combinación con reflectores plateados en forma de paraguas.

Réflex, Cámara

Nombre genérico aplicado a todas las cámaras provistas de un visor con un espejo que refleja la imagen en una pantalla de enfoque. Hay dos tipos básicos: la cámara réflex de un solo objetivo (SLR) tiene un espejo móvil que se aparta de la trayectoria de la luz durante la exposición; de esta forma un solo objetivo cumple las funciones de encuadre y toma. Frecuentemente el visor incorpora además un pentaprisma que presenta al fotógrafo una imagen boca arriba y sin inversión lateral. La cámara réflex de dos objetivos (TLR) tiene dos sistemas ópticos de idéntica longitud focal, uno para el visor y otro para la exposición. Detrás del superior -el del visor- hay un espejo que refleja la luz hacia la pantalla de enfoque. A distancias cortas, la separación entre ambos objetivos provoca un error de paralaje. Actualmente sólo hay TLR para formato mediano; en cuanto a las

SLR, hay algunos modelos de gran calidad para formato mediano y dos -Minolta y Pentax- 110, aunque la inmensa mayoría son de 35 mm.

Réflex, Objetivo

El de focal muy larga que utiliza espejos en su construcción y que gracias a ello tiene una longitud física inferior a la de otro convencional de la misma focal. Los espejos "doblan" la trayectoria de la luz y hacen que el objetivo sea más corto, y como además sustituyen a algunos elementos ópticos de vidrio, le quitan también mucho peso. Por otra parte, los espejos reducen las aberraciones, porque la luz reflejada en ellos no se refracta. Frente a estas evidentes ventajas hay un gran inconveniente: los objetivos réflex son de abertura fija, típicamente f8 en un 500 mm. Si la luz es muy intensa, el problema se soluciona en partes con filtros grises, pero en ningún caso es posible controlar la profundidad de campo. Esta construcción da lugar a un efecto muy característico, y con frecuencia atractivo en las luces desenfocadas, que adoptan la forma de anillos luminosos en lugar de discos, como es normal en objetivos convencionales; ello se debe al punto negro provocado por el espejo delantero, colocado en el centro del elemento frontal del objetivo. Con frecuencia se usa el término catadióptrico como sinónimo de espejo réflex, aunque estrictamente sólo es catadióptrico un sistema óptico que combina espejos y lentes; si sólo tiene espejos se habla de catóptrico.

Reflexión especular

Reflexión de la luz en una superficie pulida en la que a cada rayo incidente corresponde sólo uno reflejado que la abandona según el mismo ángulo. Las superficies irregulares producen reflexión difusa (véase difusión) y suavizan la luz.

Refracción

Desviación de la trayectoria de las ondas luminosas cuando pasan de un medio a otro de densidad óptica diferente. Tres factores afectan al ángulo de desviación: la longitud de onda de la luz, la composición del segundo medio y el ángulo de incidencia. Se llama ángulo de incidencia al que forma el tren de ondas que llega al medio con la perpendicular a la superficie de dicho medio y de refracción al que forma al tren de ondas cuando se desplaza por el segundo medio con la mencionada perpendicular. Los rayos perpendiculares a la superficie de separación de los dos medios no se refractan. La magnitud de la desviación que impone un medio se expresa por medio del índice de refracción. Como los diferentes colores de la luz blanca corresponden a diferentes longitudes de onda, cada uno sufre un grado de refracción diferente, fenómeno que se conoce como dispersión. Véase también aberración, objetivo y vidrio óptico.

Regeneración
Reactivación de las soluciones de procesado por adición de los compuestos debilitados o consumidos.

Rehalogenización
Transformación de los depósitos de plata metálica negra en haluros de plata. Es lo que ocurre durante el blanqueo previo al virado de copias.

Relleno, Iluminación de
Iluminación adicional que apoya a la principal y aclara las sombras. En retrato, por ejemplo, una sola fuente,

sea la luz natural que entra por una ventana, deja totalmente en sombras al lado contrario de la cara al que ilumina; para lograr un contraste más armonioso se utiliza una fuente adicional o se refleja la principal hacia el lado de las sombras, que quedan así aclaradas.

Reticulación

Motivo irregular que cubre la superficie de una emulsión sometida a un cambio súbito y grande de temperatura y de pH durante el procesado. El fenómeno se debe al hinchamiento y rotura de la gelatina de la emulsión y no puede repararse una vez que ha ocurrido. Pero también puede aprovecharse con fines creativos, ya que crea un efecto interesante tras la ampliación; para experimentar con la reticulación lo mejor es aprovechar negativos sin valor.

Retoque

Tratamiento manual de negativos, copias o diapositivas con pincel, aerógrafo, lápiz o cuchilla y líquidos o pigmentos especiales de retoque con el fin de eliminar o disimular los fallos o manchas o alterar la imagen. Se lleva a cabo casi siempre en copias, porque los negativos y diapositivas son por lo general demasiado pequeños y difíciles de tratar.

Los negativos de formatos medio y grande tienen un tamaño adecuado para el retoque, aunque hacerlo bien exige una destreza y una experiencia considerables.

Retroproyección

Proyección de una imagen por la parte trasera de una pantalla traslúcida que servirá de fondo a un motivo situado por su parte delantera.

La técnica se emplea mucho en fotografía comercial para presentar motivos -la maqueta de un automóvil, por ejemplo- en escenarios exóticos y ahorrar el enorme costo del desplazamiento.

Hace falta bastante práctica para evitar las incoherencias entre fondo y primer plano, sobre todo en lo que respecta a la iluminación.

Es también una forma de proyección normal en situaciones en las que por cualquier razón el proyector no pueda colocarse ante la pantalla.

Revelado forzado

El que se prolonga más de lo normal para aumentar la densidad de un negativo subexpuesto. Se recurre a esta técnica sobre todo para aumentar la sensibilidad de las películas. El precio para pagar por ello es el aumento del grano y del velo.

Revelador

Solución que hace visible la imagen latente de un material fotográfico expuesto. Además del agente revelador propiamente dicho, que reduce los haluros expuestos a plata metálica negra, la solución suele contener un acelerador, por lo general un álcali, como el carbonato sódico, el hidróxido sódico o el bórax, que activa la acción del revelador; un preservador, como el metabisulfito potásico, por lo general bromuro potásico, que actúa como controlador general de la actividad química y limita el nivel de velo.

Reveladores de color

Compuestos cromógenos muy activos y concentrados que revelan a la vez la imagen de plata y generan los pigmentos de color sustractivos de las emulsiones tricapa en color. Si los copulantes están incorporados al revelador, se revela primero la imagen de plata y a continuación la de color, pero ésta en una capa después de otra y de forma independiente. Los agentes reveladores más usados para películas negativas e invertibles son las sales de la detilparafenilendiamina, de bromuro potásico y de carbonato sódico.

Sabattier, Efecto

Inversión tonal parcial de una imagen fotográfica a causa de una segunda exposición a la luz durante el revelado. Se conoce también como pseudosolarización y da lugar a interesantes efectos. La segunda exposición invierte las zonas de sombra del negativo, pero sólo parcialmente, porque tales zonas ya han sido desensibilizadas por la actividad química del revelador; la imagen resultante es una combinación de tonos positivos y negativos. Véase también solarización.

Saturada, Solución

La que no admite la disolución de más sustancias a una temperatura dada.

Saturado, Color

Color puro, sin nada de gris. Un color saturado sólo refleja luz de uno o dos de los colores primarios; la adición de un tercero lo desaturaría hacia el blanco, el gris o el negro.

Scheimpflug, Principio de

Principio que establece que en una cámara de gran formato consigue la máxima profundidad de campo en el plano del motivo cuando las prolongaciones imaginarias de éste, el del objetivo y el de la imagen coinciden en un punto común. Se utiliza sobre todo para determinar la posición óptima de la cámara cuando el motivo ocupa un plano oblicuo a la misma, pero también permite obtener la máxima nitidez en ampliadoras con portanegativos inclinable.

Secundarios, Colores

Los que resultan de la combinación de dos cualesquiera de los primarios rojo, verde y azul. Los colores primarios más importantes en fotografía son el cian (azul-verde), el magenta (rojo-azul) y el amarillo (rojo-verde). Estos colores se obtienen cuando lo que se mezclan son luces; si se mezclan pigmentos opacos rojo y verde no se obtiene amarillo, sino gris, debido a la absorción de ciertas longitudes de onda por el pigmento.

Seguridad, Luz de

Lámpara de laboratorio cuya luz (normalmente roja o naranja) no afecta a los materiales sensibles.

No todos los materiales pueden manipularse bajo iluminación de seguridad y algunos exigen luces muy específicas.

Las lámparas de seguridad más usuales tienen una bombilla blanca de poca potencia y una serie de filtros intercambiables de los colores y densidades adecuados.

Hay que tener en cuenta que no hay ninguna luz de seguridad completamente segura, porque no hay filtros perfectos capaces de bloquear todas las longitudes de onda perniciosas.

Si se trabaja muy cerca de la luz -un metro es el mínimo aconsejable- puede formarse velo en las copias. Puede emplearse una bombilla más potente de lo correcto -25 vatios es normalmente lo máximo- si se refleja en el techo, aunque hay que hacer pruebas de formación de velo antes de empezar a positivar.

Sensibilidad

Susceptibilidad a la acción de la luz de una emulsión expresada numéricamente a efectos del cálculo de la exposición. Hace no mucho había en uso muchos sistemas, tanto particulares como nacionales, entre ellos el H&G (Hurter y Driffield), el Scheiner, el Weston, el BSI (British Standards Institution), el DIN (Deutsche Industrie Norm), el GOST (Gosudarstvenny Obshchesoyuzny Standart) y el ASA (American Standards Association). El GOST sigue vigente en la Unión Soviética y el este de Europa, pero de los demás sólo sobreviven el ASA y el DIN. El primero es aritmético y el segundo logarítmico. Así una película de 200 ASA tiene una sensibilidad doble que otra de 100; en el sistema DIN los valores equivalentes son 24° y 21°, ya que un incremento de tres equivale a duplicar el valor de la sensibilidad. En virtud de recientes acuerdos internacionales, ambos sistemas van a incorporarse a uno nuevo conocido como ISO (International Standards Organization); en este 100 ASA (21° DIN) se convierten en 100/21° ISO.

Sensibilidad espectral

Ampliación de la sensibilidad de una emulsión de haluros de plata a otros colores del espectro distintos del azul, único al que es sensible de forma natural.

Sensible, Material

Emulsión fotográfica sensible a la luz aplicada a un soporte, como vidrio, película o papel.

Sensitometría

Estudio científico de la respuesta de las emulsiones fotográficas a la energía radiante y establecimiento de las consiguientes relaciones numéricas entre exposición y densidad. Los valores de esta clase más usados son los de sensibilidad.

Separación, Negativo de

Negativo o, más frecuentemente, transparencia, obtenida mediante reproducción de un original en color a través de varios filtros también coloreados para registrar sólo uno de los colores componentes cada vez. En fotomecánica se obtienen tres negativos de separación que registran los componentes verde, azul y rojo del original y otro más en blanco y negro que recoge los grises. A partir de ellos se hacen cuatro placas de colores con sólo tres placas, pero sin la de negros el resultado parece débil, porque lo que debería ser negro es en realidad marrón muy oscuro. En los libros ilustrados, la placa de negros suele llevar también el texto. Cuando se persigue una calidad muy alta -en la reproducción facsímil de incunables, por ejemplo- suele ser necesario utilizar más de cuatro colores para lograr la fidelidad deseada.

Separación de tonos

Producción de una imagen con sólo unos pocos tonos claramente separados a partir de un negativo de tono continuo.

Se realizan para ello varios negativos de diferentes densidades sobre película lith y a continuación se positivan a registro; en su forma más desarrollada se llama posterización.

Sin copulantes, Película

Película invertible en color que no incorpora los copulantes en su emulsión y que, por tanto, exigen que añadan durante el procesado. Kodachrome pertenece a este tipo de materiales.

Síntesis del color

Formación de unos colores por mezcla de luces, tintes o pigmentos de otros. En fotografía en color se emplean las síntesis aditiva y positiva.

Sistema de zonas

Complejo sistema que relaciona las lecturas de exposición con una serie de valores tonales en función de los que se decide la toma, el revelado y el positivado. Su autoría pertenece al fotógrafo norteamericano Ansel Adams, que en unión de Minor White, también norteamericano, ha escrito ampliamente sobre el asunto.

Snoot

Accesorio de iluminación de forma cónica que se usa para concentrar el haz luminoso.

Sobrecalentamiento

Técnica de procesado que tiene en cuenta el inevitable enfriamiento de las soluciones (sobre todo del revelador) mientras están en contacto con la emulsión. Para ello se calienta la solución antes de usarla un poco sobre la temperatura teóricamente correcta, pero sin sobrepasar el límite superior de tolerancia, para que durante su uso se enfríe, pero no caiga por debajo de la temperatura mínima tolerable.

Sobreexposición

Excesiva exposición a la luz de un material fotográfico. Los negativos sobreexpuestos (en color o en blanco y negro) suelen carecer de contraste y de detalle de las luces; las diapositivas sobreexpuestas son muy transparentes y con luces quemadas. A partir de negativos sobreexpuestos en blanco y negro pueden obtenerse copias aceptables con un papel duro o tratando aquellos con un reductor; en el caso del color serán necesarias exposiciones muy largas y ajustes en la filtración. Es importante corregir ni disimular el efecto de la sobreexposición en las diapositivas.

Sobrerrevelado

Contacto excesivamente largo de la emulsión con el revelador o revelado con una solución demasiado concentrada o caliente. El sobre revelado da lugar a luces muy densas y a contraste elevado, aunque se corrige en cierta medida con un tratamiento reductor.

En cuanto al sobrerrevelado intencionado, véase forzado.

Solarización

Estrictamente, inversión tonal total o parcial de una imagen fotográfica como resultado de una sobreexposición extrema. No obstante, el término se aplica con frecuencia al efecto Sabattier, que da lugar a resultados de aspecto similar.

Soldador

Aparato calentado eléctricamente y parecido a un soldador corriente que se usa en el montaje en seco para unir el tisú a la copia y ésta a la montura antes de introducir el conjunto en la prensa.

Solución de trabajo

Solución de procesado diluida a la concentración a la que ha de utilizarse. Casi todos los compuestos se almacenan en forma concentrada, tanto para ahorrar espacio como para evitar su deterioro por oxidación. Hay excepciones, como los productos del proceso Kodak Ektaflex, que se venden, usan y guardan a concentración de trabajo.

Soporte

Lámina de vidrio, triacetato de celulosa, poliéster o papel que sujeta la emulsión fotográfica.

Suavización

Difusión o emborronamiento deliberados de una imagen. Es una técnica que se usa sobre todo en retrato para crear una imagen ensoñadora y romántica y ocultar las imperfecciones y puede hacerse durante la toma o durante la ampliación. La suavización se lleva a cabo por difusión con filtros o con objetivos especiales con un nivel controlado de aberración esférica (Minolta fabrica un 85 mm en el que el nivel de aberración, y, por tanto, de suavización, varía continuamente dentro de ciertos límites). Resultados parecidos se consiguen extendiendo vaselina sobre un filtro o cubriendo el objetivo con gasa u otro material parecido. Durante el positivado el instrumento de suavización normal es un filtro difusor, aunque los efectos de suavización característicos de la que fue célebre firma de fotógrafos de sociedad Lenare estaban hechos con objetivos especiales de ampliación. La suavización da lugar a efectos muy sutiles y hermosos si se utiliza con sensibilidad; en caso contrario los resultados son inevitablemente tópicos y cursis.

Subexposición

Exposición a la luz insuficiente de un material fotográfico. Puede deberse a la colocación incorrecta del mando de sensibilidades, a un cálculo incorrecto en situaciones difíciles de iluminación, a suciedad acumulada en el objetivo o a la no compensación de un filtro denso. Los negativos subexpuestos son muy transparentes y sin detalle, las copias planas y carentes de densidad y las diapositivas muy oscuras.

Subminiatura, Cámara

Cualquiera que use película de muy pequeño formato, por lo general de 16 mm o menos. La Minox EC, que mide alrededor de 18 x 30 x 80 mm (96 mm cuando está abierta y lista para disparar) y pesa un poco menos de 60 g, es la cámara más pequeña actualmente comercializada; utiliza un objetivo de 15 mm f 5,6 de foco fijo con una profundidad de campo que se extiende desde 1 m al infinito; utiliza película en chasis de blanco y negro, en color de diapositivas de 8 x 11 mm de formato. La exposición es automática y las velocidades de obturación varían continuamente entre 1/500 y 8 s.

Subrevelado

Revelado insuficiente de un material fotográfico por agotamiento de la solución, agitación insuficiente, temperatura demasiado baja, y, sobre todo, tiempo insuficiente. Los negativos y diapositivas subrevelados son transparentes, sin contraste ni densidad, y las copias planas y sin vida. El subrevelado puede corregirse en cierta medida durante la intensificación.

Sustractiva, Síntesis

Producción de una imagen en color por sustracción a la luz blanca de proporciones adecuadas de ciertos colores. Los actuales procesos fotográficos usan por lo general filtros o pigmentos de tres colores conocidos como complementarios o primarios sustractivos: amarillo, magenta y cian. Este deja pasar el azul y el verde y absorbe el rojo; el magenta deja pasar el rojo y el azul y absorbe el verde; y el amarillo deja pasar el rojo y el verde y absorbe el azul. En conjunto los tres son teóricamente capaces de generar cualquier otro color, y si se usan todos a la vez en igual proporciones bloquean toda la luz y producen negro. Las bases de la síntesis sustractiva fueron expuestas por vez primera por el científico francés Louis Ducos de Hauron en su libro Colours in Photography (El color en fotografía), publicado en 1869. Poco a poco fue quedando claro que la síntesis sustractiva resultaba un proceso de fotografía en color más práctico que la aditiva, que había sido expuesta por vez primera en 1861.

Tanque

Recipiente para procesar películas. Los tanques de procesado se fabrican en acero inoxidable o plástico o en una muestra de ambos materiales, y se diseñan para ser utilizados con o sin luz, o para ser cargados en la oscuridad y usados a la luz. Los tanques de lavado inyectan una corriente de agua, la agitan y se vacían automáticamente por medio de un sifón.

Teleconvertidor

Dispositivo óptico que se monta entre el objetivo y el cuerpo de la cámara para aumentar la longitud focal efectiva de aquel. Los hay de varias "potencias", normalmente x2 y x3, y reducen proporcionalmente la abertura efectiva del objetivo con que se combinan. Así, un 50 mm f2 con un convertidor x2 pasa a ser un 100 mm f4 (2 diafragmas menos), y con un x3 se convertiría en un 150 mm f5,6 (3 diafragmas menos). Algunos teleconvertidores conservan el automatismo del diafragma, y en tal caso el exposímetro de la cámara compensa la pérdida de luminosidad; si no se conserva el automatismo es necesario hacer los cálculos y ajustes correspondientes a mano. La calidad de imagen de estos dispositivos es muy variable y siempre inferior a la de un objetivo de longitud focal equivalente a la del sistema convertidor + objetivo.

Los mejores resultados se consiguen con los diseñados para un objetivo específico (Nikon, por ejemplo, tiene teleconvertidores para algunas de sus ópticas); los resultados de los que no están diseñados para ningún objetivo en particular dependen en gran medida de lo más o menos favorablemente que se combinen las aberraciones de ambos elementos. Por lo general se utilizan con objetivos de entre 50 y 300 mm de longitud focal; fuera de estos límites los resultados no suelen ser muy aceptables.

Teleobjetivo

Objetivo de focal larga construido de forma que su longitud física sea inferior a su longitud focal. Tienen dos grupos de elementos, con frecuencia separados por una distancia considerable: un sistema frontal convergente y otro posterior divergente. El grupo posterior reduce la convergencia provocada por el anterior, de forma que el cono de rayos que llega a la imagen parece converger desde un punto situado por delante del grupo frontal, con un efecto similar al que se conseguiría situando un objetivo de construcción convencional a más distancia de la película. Como ahora prácticamente todos los objetivos de focal larga son de construcción teleobjetivo, los dos términos se usan, incorrectamente, como sinónimo.

Teleobjetivo invertido

Objetivo de longitud focal corta, pero con un foco posterior largo. Casi todos los gran angulares para cámaras de 35 mm se construyen de esta forma.

Temperatura de color

Expresión de la distribución espectral de la energía de una fuente luminosa y, por tanto, de su calidad de color. Se expresa en grados Kelvin (ºK), que se obtienen sumando 273 a los grados centígrados (la escala Kelvin parte del cero absoluto, situado a -273º C). Cuando se dice que una fuente luminosa tiene una determinada temperatura de color, 5000 K por ejemplo, quiere significarse que habría que calentar un cuerpo negro a esta temperatura para que emitiese radiación luminosa del mismo color que la fuente en cuestión. Cuando se calienta un cuerpo negro se pone primero rojo, luego naranja, etc. por tanto, la luz del extremo rojo del espectro se dice que tiene una temperatura de color baja, que va subiendo conforme se pasa hacia la región azul del mismo. Esta temperatura de color no guarda, pues, ninguna relación con la temperatura real ni con la consideración -cultural- del rojo como color cálido y el azul como frío.

Las películas de color invertibles se "equilibran" para la calidad de la luz a la que han de exponerse; casi todas las fuentes de luz artificial tienen una temperatura de color entre 2000 y 6000K; la del cielo azul con sol es de 6000k aproximadamente, y llega a un 10000 k cuando se nubla.

Tensión, Rayas de

Rayas o marcas visibles en la imagen fotográfica revelada y debidas a fricción o presión antes del procesado.

Termografía

Formación de imágenes usando como fuente de radiación infrarroja emitida en forma de calor.

La cámara empleada es un detector de barrido de infrarrojos que genera una imagen en una pantalla similar a la de un televisor y en la que cada color corresponde a una temperatura; esta imagen puede registrarse en película fotográfica convencional.

Las formas de los objetos reproducen más o menos fielmente las reales, pero los colores son completamente distintos y dan lugar a veces a efectos muy atractivos y hermosos.

La termografía tiene varias aplicaciones científicas: sirve, por ejemplo, para detectar las pérdidas de calor de una casa por falta de aislamiento o para localizar zonas del cuerpo humano anormalmente calientes o frías.

Tetracloruro de carbono

Solvente que a veces se usa para limpiar la superficie de los negativos. Emite vapores tóxicos, por lo que debe emplearse en un recinto bien ventilado.

Tinte

Nombre de un color y propiedad que lo hace distinguible de los demás, por ejemplo, azul o verde.

Tipo A, Película en color

Película en color equilibrada para luz de tungsteno con una temperatura de color de 3400 K. La película en color tipo B está equilibrada para luz de tungsteno de 3200 K.

Tira de prueba

Técnica de evaluación de la exposición o la filtración o ambas cosa necesarias para obtener una copia correcta. Para ello se expone por secciones una tira de papel del mismo tipo del que se va a usar para hacer las ampliaciones.

Tiristor véase Flash.

Transparencia

Fotografía que se ve a la luz transmitida en vez de a la reflejada. Una diapositiva es una transparencia.

Tricapa integral

Emulsión fotográfica múltiple utilizada prácticamente en todos los materiales en color; es una especie de "emparedado" de varias capas de emulsión con pigmentos sustractivos enlazados a haluros de plata. La capa sensible al azul tiene pigmento amarillo, la sensible al verde magenta, y la sensible al rojo cian. Además, la emulsión incluye un filtro amarillo que evita la llegada de luz azul a las capas sensibles al rojo y al verde y una capa antihalo. Contando con el soporte, algunos materiales para fotografía instantánea como la película Polaroid SX70, tienen hasta diez capas.

Trípode

Soporte con tres patas, frecuentemente telescópicas, articuladas por un extremo a una cabeza a la que sujeta la cámara. Los hay de varios tamaños, desde los muy grandes para estudio, tan voluminosos como un mueble, hasta los diminutos de mesa, que caben cómodamente en un bolsillo. Los trípodes para cámaras de 35 mm y formato mediano son por lo general de aluminio, que combina resistencia y durabilidad con ligereza. Los pies son de goma o nylon, y ocultan unas espigas aguzadas para clavarlas en el suelo cuando se trabaja en exteriores sobre un terreno no muy firme. La cabeza sobre la que se monta la cámara suele tener una articulación de rótula o varios movimientos independientes; la articulación de rótula no es más que una esfera que gira libremente en el interior de un alojamiento hueco, en el que puede fijarse con un tornillo de presión; las cabezas de movimientos independientes permiten mover la cámara con la misma libertad, pero con la ventaja de que es posible fijar la orientación en cualquiera de las direcciones del espacio de forma independiente y, por ejemplo, hacer un barrido horizontal sin que cambie el plano vertical. Casi todos los trípodes tienen una columna central que permite subir y bajar la cámara sin tocar las patas; en algunos puede montarse invertida, es decir, con la cámara muy cerca del suelo; en trípodes un poco más grandes la columna central admite el acoplamiento de una barra horizontal que mejora su funcionalidad.

Para aumentar la solidez, las patas se unen con unas patas deslizantes a la columna central. Como novedad, el trípode Kennet Bembo MK1 tiene una columna central de movimiento continuamente variable y no limitado al plano vertical. Un dispositivo muy útil en cualquier trípode es un nivel de bola o, mejor, de burbuja.

TTL

Abreviatura de through the lens (a través del objetivo); se utiliza por referencia a: 1) el visor de las cámaras réflex de un sólo objetivo, que presenta una imagen formada por el objetivo y reflejada por un espejo en una pantalla de enfoque; y 2) el sistema de medida de la exposición de muchas de esas cámaras, que detecta la luz que ha pasado por el objetivo.

Tungsteno, Luz de

Fuente de luz artificial que usa una bombilla con filamento de tungsteno, elemento metálico de muy elevado punto de fusión y muy resistente a la corrosión, que es, por ello, muy apropiado para su uso en bombillas eléctricas. Las dos fuentes de tungsteno más utilizadas en fotografía son las lámparas sobrevoltadas y las de tungsteno-halógeno. En éstas, el filamento va encerrado en una cápsula de vidrio llena de un gas halógeno (por lo general yodo o bromo o una mezcla de ambos) que evita la migración del metal oxidado hasta el cristal y, por tanto, mantiene la temperatura de color de la fuente durante toda su vida útil. La luz de tungsteno es más cálida o rojiza que la natural o la del flash, y, por tanto, debe utilizarse con una película especial equilibrada para su temperatura de color o con un filtro corrector. Las principales ventajas de la luz continua de tungsteno frente a la instantánea del flash es el menor precio de la instalación inicial y la posibilidad de estudiar directamente el efecto general de la iluminación antes de hacer la fotografía definitiva. En cuanto a las ventajas del flash, véase este artículo.

Ultravioleta
Radiación electromagnética de longitud de onda más corta que la luz violeta. Es invisible al ojo humano, pero casi todos los materiales fotográficos son sensibles a ella en mayor o menor medida. La película fotográfica normal reproduce la radiación UV como calina o, si es en color, como dominante azulada; para

neutralizar esos efectos se usa un filtro UV. Se emplea en varias ramas de la fotografía científica (véase fluorescencia). En microscopía, la menor longitud de onda de la radiación UV mejora la definición y el poder de resolución; como los vidrios ópticos ordinarios no tienen una buena transmisión del UV, los elementos ópticos se construyen en este caso de cuarzo. La radiación UV es muy actínica (la componente UV de la luz solar es la que produce el bronceado), lo que obliga a tomar precauciones para evitar sus efectos dañinos y a utilizar gafas protectoras en su presencia.

Umbral de exposición

Nivel de exposición justamente suficiente para que se aprecie densidad por encima del nivel de velo tras el velado.

Universal, Película en color

Película negativa en la que el equilibrio de color se ajusta durante el positivado, por lo que puede utilizarse con una gama muy amplias de temperaturas de color.

Universal, Revelador

El de blanco y negro que sirve tanto para películas como para papeles.

Valor de exposición

Expresión numérica que combina los efectos de la abertura y la velocidad de obturación sobre la exposición. Una exposición de 1/60s. a f2, por ejemplo, equivale a otra de 1,30s. a f2,8 (el doble de tiempo y la mitad de abertura), por lo que ambas tienen el mismo valor de exposición. Estos valores se expresan sobre una escala logarítmica y la exposición es tanto mayor cuanto más bajo sea el valor.

Vapor de mercurio, Lámpara de

Fuente luminosa a veces empleada en fotografía de estudio que genera una luz azulada haciendo pasar la corriente eléctrica por el interior de un tubo lleno de vapor de mercurio.

Velo

Densidad de plata en una película o copia que no forma parte de la imagen. El velo es con frecuencia accidental y se debe a varias causas: ópticas, por entrada de luz extraña a la cámara o en el chasis y consiguiente exposición de una parte de la película; y químicas, por errores cometidos durante el procesado, como el uso de un revelador hiperactivo o de un fijador débil y muy contaminado por sales de plata (véase velo dicroico); incluso puede deberse a la presencia de vapores en el laboratorio. El velado es una etapa intermedia necesaria en el procesado de la película invertible y cuyo fin es exponer a la luz las zonas con haluros no expuestos, con el fin de volver a revelar y blanquear para obtener una imagen positiva durante el mismo soporte.

Velo, Nivel de

Densidad presente en una película no expuesta y revelada. Para que un material registre adecuadamente la imagen es preciso que la densidad mínima generada por la exposición esté por encima del nivel de velo.

Velo químico

Depósito general de plata metálica en un negativo provocado por el empleo de una solución reveladora hiperactiva o inadecuada o por algunos agentes reductores.

Vidrio óptico

Vidrio de muy elevadas calidad y pureza producido especialmente para la manufactura de lentes y elementos ópticos.

Debe tener características de dispersión y refracción exactamente definidas y, por tanto, debe ser química y físicamente lo más uniforme posible sin burbujas ni deformidades de ninguna clase.

También ha de transmitir la mayor cantidad posible de luz y no absorber selectivamente las diferentes longitudes de onda.

También es deseable una buena resistencia a la acción del vapor de agua, los gases atmosféricos, etc., aunque no siempre es posible combinar esta resistencia con una mínima calidad óptica.

Hay dos tipos básicos de vidrio óptico: flint, que contiene óxido de plomo y presenta un índice de refracción y un grado de dispersión elevada, y crown, que contiene óxido de bario y combina un elevado índice de refracción con una baja dispersión.

Vidrio plano óptico

Vidrio plano de elevada calidad cuyas dos caras están minuciosamente pulidas y son exactamente paralelas y planas. Se emplean en la construcción de filtros para aplicaciones que exigen precisión elevada.

Viñeta

Imagen que funde gradualmente en blanco o negro hacia los bordes y que se realiza mediante una máscara de forma adecuada, que tapa los bordes durante la exposición para que queden blancos o que tapa la imagen después de la exposición para exponer el borde y dejarlo negro. Suele emplearse para dar a las fotografías un aire romántico o antiguo, aunque también sirve para eliminar detalles innecesarios del fondo. También se habla de viñeteado para referirse a la pérdida de luminosidad de una imagen hacia los bordes del poder de cobertura del objetivo o al sombreado de un filtro, parasol, etc. demasiado pequeño.

Virador

Compuesto utilizado para colorear un positivo en blanco y negro. Hay cuatro tipos principales, cada uno de los cuales se utiliza de diferente manera: 1) al sulfuro o al selenio para viraje en sepia copias previamente blanqueadas; actúan transformando la imagen de plata en otra de sulfuro de plata; 2) metálicos, que usan sales metálicas como el cloruro de oro o cromato para transformar la imagen de plata en otra de compuestos metálicos coloreados; 3) pigmentados, que actúan depositando un tinte o pigmento sobre la imagen de plata; 4) reveladores en color, que producen a la vez una imagen de plata y otra coloreada.

Viseras

Láminas metálicas articuladas que se montan ante las fuentes luminosas en el estudio para controlar la dirección y anchura del haz.

Visor

Ventanilla, pantalla o marco incorporado a la cámara o sujeto a ella de que se sirve el fotógrafo para ver, exacta o aproximadamente, la parte de la escena cubierta por el objetivo. Casi todos son ópticos -es decir, utilizan un sistema de lentes más o menos complicado- y por lo general incorporan un mecanismo de enfoque e información sobre la exposición (véase LCD y LED), aunque pueden ser tan elementales como un marco de alambre o una pletina metálica con un punto de mira. Este último tipo, llamado con frecuencia visor deportivo, va incorporado a muchas cámaras de formato mediano con enfoque a nivel de cintura para poder utilizarlas con más rapidez y a nivel del ojo; es también característico de las antiguas cámaras "de prensa" y de casi todas las subacuáticas. Los visores ópticos son de dos clases: directo y réflex. El visor óptico directo utiliza un sistema óptico completamente independiente del objetivo, al contrario del réflex, que utiliza un espejo para desviar la luz que entra por el objetivo hacia una pantalla de enfoque, en la que se examina a través de un ocular y un pentaprisma, de manera que un objetivo único combina las funciones de toma y visor. Este sistema tiene la enorme ventaja sobre el anterior de que presenta la imagen correcta sin error de paralaje y de que se adapta automáticamente a cualquier objetivo empleado y permite ver directamente el efecto de filtros y otros accesorios. El visor directo, por su parte, es más cómodo de utilizar cuando la luz es débil y no se queda sin imagen durante la exposición, como ocurre con el réflex (en las cámaras réflex de dos objetivos el visor combina algunas de las ventajas y desventajas de los dos sistemas vistos). El valor óptico suele incorporar una serie de líneas y recuadros para señalar la corrección de paralaje necesaria y, en algunos casos, el campo cubierto por las diferentes longitudes focales de los objetivos; estos visores se llaman también de cuadro luminoso, de marco suspendido o albada. Las cámaras réflex de un solo objetivo más elaboradas suelen disponer de pentaprismas intercambiables (la Pentax LX tiene ocho) para enfocar a nivel de cintura o en ángulo recto, por ejemplo. Algunas cámaras de gran formato disponen de un visor directo adicional, aunque por lo general el visor de tales cámaras es la pantalla de enfoque de vidrio deslustrado.

Visor directo

Cualquiera, óptico o no, que ve el motivo cubierto sin intermedio de un espejo. Tiene la ventaja de seguir presentando el motivo durante la exposición y de ser más cómodo de usar con luz débil. Entre sus inconvenientes hay que citar el error de paralaje y la imposibilidad de comprobar directamente a su través el efecto de los filtros o del enfoque diferencial.

XP1, Película

Nombre registrado de una película cromógena fabricada por Ilford. Es un material en blanco y negro de reciente introducción en el mercado y que, se dice, constituye la más importante innovación en la tecnología de la fabricación de emulsiones de este siglo. Forma una imagen de plata en la forma normal más otra pigmentada; la plata se elimina por blanqueo y queda así una imagen teñida que, por carecer de plata metálica, casi no tiene grano.

En la práctica, esto significa que una película cromógena de 400 ASA da la nitidez de detalle de otra convencional de 125 ASA.

El inconveniente es que el procesado es diferente del usual en blanco y negro y se lleva a cabo a mayor temperatura, aunque en realidad esto no debe plantear problemas a los fotógrafos acostumbrados a trabajar en color.

La XP1 ha sido la primera película cromógena comercializada y a ella ha seguido la Agfapan Vario X-L.

Yodo-cuarzo, Luz

Lámpara incandescente con una ampolla de cuarzo que encierra un filamento de tungsteno y trazas de yodo. Cuando el filamento se calienta se evapora el yodo y evita que las partículas de tungsteno escapadas del filamento se depositen en la ampolla y la ennegrezcan; en lugar de esto, lo que ocurre es que los vapores de yodo-tungsteno vuelven al filamento y lo regeneran. Gracias a ello la lámpara tiene una vida muy larga y conserva durante toda ella su luminosidad. Actualmente tiende a ser reemplazada por la de tungsteno-halógeno, que utiliza bromo en vez de yodo y una ampolla de sílice en lugar de cuarzo.

Zapata con contactos

Zapata para accesorios situada en la parte superior del cuerpo de la cámara que incorpora una serie de contactos eléctricos para el flash que hacen innecesario el uso de cable de sincronización.

Zoom, Objetivo

Aquel cuya longitud focal varía continuamente entre ciertos límites. Para ello se cambia la posición de uno o varios grupos de elementos internos móviles; en casi todos los tipos se conserva el foco al cambiar la longitud focal (en realidad, los objetivos cuyo punto de enfoque varía con la longitud focal deberían de llamarse de longitud focal variable, pero no zoom). Hay modelos en los que el enfoque y el cambio de focal se efectúan mediante dos anillos diferentes, mientras que otros combinan ambas funciones en un solo mando, que se gira para enfocar y se desplaza hacia adelante o hacia atrás para cambiar de focal. Los intervalos de focal más frecuentes son: gran angular-normal (28-50 mm, por ejemplo), gran angular-moderado o normal-tele corto (35-70 mm ó 50-135 mm), y tele corto-tele largo (80-200 mm); hay también objetivos de cobertura mucho más amplia, de los que el caso extremo es Nikon 360-1200 mm f11. Frente a las evidentes ventajas de tener una cantidad ilimitada de longitudes focales en un solo objetivo, los zooms tienen sus inconvenientes: 1) son más pesados que los objetivos convencionales por su compleja construcción óptica; 2) son de peor calidad, porque es imposible compensar satisfactoriamente las aberraciones a lo largo de todo el intervalo de focales; 3) son menos luminosos. Esta falta de luminosidad es casi siempre más notable en uno de los dos extremos del zoom; así, en el caso de uno 80-200 mm f4, esta abertura máxima está bien para un 200 mm, pero es escasa para lo normal actualmente en un 80 mm. Al enfocar es aconsejable, si hay tiempo para ello, hacerlo a la longitud focal máxima, que da menos profundidad de campo y obliga a una mayor precisión, y pasar luego a la focal deseada.

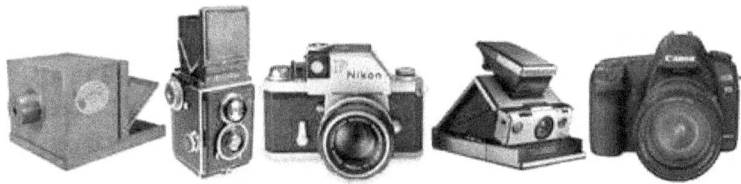

Bibliografía

-Beaton, Cecil. The Magic Image. The Genius of Photography from 1.839 to the Present Day. London: Weiden and Nicholson, 1975.

-Bechetti, Piero. Fotografi e fotografía in Italia 1.839-1.880. Roma: Edizioni Quasar, 1978.

-Billeter, Erika. Fotografía Latinoamericana desde 1.860 hasta nuestros días. Madrid: El Viso, 1982.

-Coe, Brian. History of Colour Photography. The First Hundred Years 1.840-1.940. London: Ash and Grat Ltd., 1978.

-Darrah, William Culp. Cartes de Visite in Nineteenth Century Photography. Gettysburg: William Darrah, 1981.

-Daval, Jean Luc. Photographie. Histoire d'un art. Genève: Skira, 1982.

-Eder, Josef Maria. History of Photography. New York: Columbia University Press, 1945.

-Ferrez, Gilberto. Photography in Brasil. 1840-1900. Alburquerque: University of New Mexico Press, 1990.

-Fiedler, Jeanine (ed.). Photography at the Bauhaus. Cambridge, Mass.: MIT, 1990.

-Fontanella, Lee. La historia de la fotografía en España desde sus orígenes hasta 1900. Madrid: El Viso, 1981.

-Fontcuberta, Joan. Estética fotográfica. Selección de textos. Barcelona: Blume, 1984.

-Freund, Gisèle. La fotografía como documento social. Barcelona: Gili Gaya, 1986.

-Fulton, Mariane. Eyes of Time: Photojournalism in America. Boston – New York: Graphic Society, 1988.

-Galassi, Peter. Before Photography. New York: The Museum of Modern Art, 1981.

-Gernsheim, Helmut and Alison. The History of Photography. From the Camera Obscura to the Beginning of the Modern Era. New York, McGraw-Hill Book Company, 1969.

-Gernsheim, Helmut and Alison. L.J.M. Daguerre. The History of Diorama and the Daguerreotype. New York: Dover, 1968.

-Gernsheim, Helmut. Le origini della fotografia. Milano: Electa, 1981.

-Gernsheim, Helmut. The Rise of Photography: 1850 to 1880. The Age of Collodion. London: Thames & Hudson, 1988.

-Goldberg, Vicki (ed.). Photography in Print: Writings from 1916 to the Present. Albuquerque: University of New Mexico Press, 1988.

-Goldschmidt, Lucien and Naef, Weston. The Truthful Lens. A Survey of the Photographically Illustrated Book 1844-1914. New York: Grolier Club, 1980.

-Haworth-Booth, Mark. The Golden Age of the British Photography. Millerton, N.Y. etc.: Aperture, 1984.

Idas Y Caos. Aspectos de las vanguardias fotográficas en España 1920-1945. Madrid: Ministerio de Cultura, 1984.

-Ivins, William M. Jr. Imagen impresa y conocimiento. Análisis de la imagen prefotográfica. Barcelona: Gustavo Gili, 1975.

-Jay, Paul. Niépce: Genèse d'une invention. Chalon sur Saône: Société des amis du Musée Nicéphore Niépce, 1989.

Kein, Jean A. Historia de la fotografía. Barcelona: Oikos-Tau, 1971.

-Lecuyer, Raymond. Histoire de la Photographie. Paris: S.N.E.P. Illustration, 1945.

-Lemagny, Jean-Claude et Rouillé, André. Historia de la fotografía. Barcelona: Martínez Roca, Barcelona, 1988.

-Newhall, Beaumont. Historia de la fotografía desde sus orígenes a nuestros días. (Apéndice sobre fotografía española por Joan Fontcuberta). Barcelona: Gili Gaya, 1983.

-Newhall, Beaumont. Photography: Essays and Images. Illustrated Readings in the History of Photography. New York: The Museum of Modern Art, 1980.

One Hundred Years of Photographic History. Essays in honour of Beaumont Newhall. Albuquerque: University of New Mexico Press, 1975.

-Ostroff, Eugene (ed.). Pioneers of Photography. Their Achievements in Science and Technology. Springfield, Va.: SPSE, 1987.

-Pare, Richard. Photography and Architecture 1839-1939. Montreal: Canadian Center of Photography, 1982.

-Peters, Ursula. Stilgeschichte der Fotografie in Deutschland 1839-1900. Köln: Du Mont, 1979.

-Phillips, Cristopher (ed.). Photography in the Modern Era. European Documents and Critical Writings 1913-1940. New York: The Museum of Modern Art / Aperture, 1989.

-Rinhart, Floyd and Marion. The American Daguerreotype. Athens (Georgia): The University of Georgia Press, 1981.

-Rosenblum, Naomi. A World History of Photography. New York: Abbeville Press, 1984.

-Rouillé, André. La Photographie en France. Textes & controverses. Une anthologie 1816-1871. Paris: Macula, 1989.

-Sontag, Susan. Sobre fotografía. Barcelona: Edhasa, 1981.

-Sougez, Marie Loup. Historia de la fotografía. 2ª ed. Madrid: Cátedra, 1985.

-Taft, Robert. Photography and the American Scene. A Social History 1839- 1889. New York: Dover, 1964

-Tausk, Petr. Historia de la fotografía en el siglo XX. De la fotografía artística al periodismo gráfico. Barcelona: Gustavo Gili, 1978.

-Trachtenberg, Alan (ed.).Classic Essays on Photography. New Haven, (Conn.): Leete's Island Books, 1980.

-Weaver, Mike (ed.). The Art of Photography 1839-1939. New Haven and London: Yale University Press, 1989.

Aprende
Fotografía

Analógica, historia, cámara, uso, revelado, ejercicios

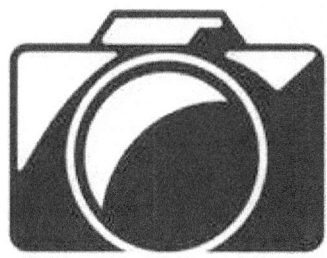

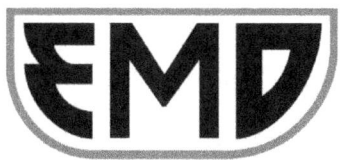

Edición EMD

Primera edición

Comunidad Europea

2022

www.ingramcontent.com/pod-product-compliance
Lightning Source LLC
Chambersburg PA
CBHW072355290526
45794CB00001B/72